大展好書　好書大展

品嘗好書　冠群可期

吳式太極拳6

吳式
太極拳八法

張全亮　馬永蘭　著

附 DVD

大展出版社有限公司

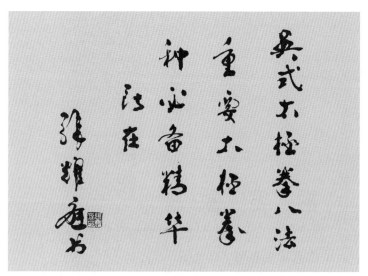

吳式太極拳八法

重要太極拳

种必备精华

江在

張耀庭書

張耀庭，原中國武術協會主席，原中國武術院院長

賀金亮先生新书问世

吳式太极长寿拳，

尊师重道德为先。

太极精华在八法，

亮公无私尽相传。

八法大作有新意，

功在当代惠人间。

吳式太极拳第四代传人

战波

戰波，吳式太極拳第四代傳人

編 委 會

作者　張全亮　馬永蘭
攝影　劉功烈　何承俊
編者　王乃昭　張小瑛　李雪征　張衛公
　　　劉　泉　林衛華　張　輝

序一

　　《吳式太極拳八法》是我的師兄張全亮先生新近完成的又一部關於吳式太極拳的著作。此前，他已在北京科學技術出版社出版了《傳統吳式太極拳入門訣要》一書，他計劃將吳式太極拳系統整理形成一個系列。本書就是這個系列的第二部。

　　看到這部書稿，我感到非常高興。因為這對於傳承傳統吳式太極拳來說，實在是一件大好事。我想，如果先父在天之靈有知，也一定會為此感到欣慰。

　　這部書稿，講的是吳式太極拳八法——掤、捋、擠、按、採、挒、肘、靠。我們知道八法是太極拳化、引、拿、發，克敵制勝的法寶。學練太極拳而不學八法，不明白八法的體用，用以健身則可，而用以技擊則無效果。由此可見，八法之於太極拳是何等重要。一句話，知不知道、學沒學過、練沒練過八法，對八法掌握程度如何，是衡量習練太極拳是否已經入門和達到何種層次的一個重要的尺度。

　　我們還知道，武術的本質是技擊。包括吳式太極拳在內的各式太極拳，作為中華武術的重要組成部分，同樣也是如此。我們要傳承中華武術，就不能不傳承中華武術的各種關於技擊的理論與方法。以前，由於種種原因，我們對這個問題重視不夠，往往只強調武術的健身作用而很少

或根本不提武術在技擊上的意義。這就使很多很好的東西慢慢失傳了，使武術變成了空架子，變成了花拳繡腿。現在，該是我們以傳承中華武術為己任的迫切之時了。正是從這個意義上，我要為這部書的出版叫好。

當年追隨先父王培生學練吳式太極拳的所有弟子中，張全亮師兄是非常刻苦的一位。正是基於這樣的原因，他的功夫學得非常好。當然，悟性也是一個重要方面。我想，如果沒有這些，要想把八法寫成書，那是根本不可能的。

2015 年 11 月 15 日下午，北京市吳式太極拳研究會在北京理工大學舉辦的理論講座上，張全亮師兄以「吳式太極拳基本八法要義」為題，把自己多年學習研究吳式太極拳八法的收穫、體會、練法、用法做了全面的介紹和演示，得到了與會人員的好評。會後，人們還紛紛向張全亮師兄索要文字稿。我想師兄的這部書出版之後，一定能夠滿足廣大太極拳愛好者學習八法的心願。

在《傳統吳式太極拳入門訣要》的序言中，介紹了張全亮師兄當年工作、學習和投身武術事業等方面的一些情況。從這些介紹中，我們可以看出張全亮師兄是一位有雄心大志，而又腳踏實地不務虛名的人；是一位勤思善悟，苦練精研的人；特別是他在尊師重道方面表現得尤為突出。他寫的《門規師訓》《王培生先生拳術風格》《八卦三合功》《八卦掌精要》等文章和專著，都曾得到家父的熱情鼓勵和高度評價，並先後為他寫了熱情洋溢的「按語」「跋」和「序言」。中國傳統武術的傳承和發展需要

張全亮師兄這樣的人和這樣的精神。

這部書稿的主要內容，包括上下兩編。上編是張全亮師兄寫的八法真解，下編則是先父當年所寫的太極推手。八法與推手關係密切，八法是由推手來實現的，而推手是八法的具體體現。

這本書同此前出版的《傳統吳式太極拳入門訣要》比較起來，「訣要」是「入門」的捷徑，而「八法」則是入門後攀登太極拳高峰的階梯。兩者相輔相成，缺一不可。但是要真正讀懂這本書並把這本書的內涵練到身上，真不是一件容易的事。

「八法」之所以難，是因為其中涉及很多我國傳統文化的知識，比如天干地支、五行八卦等，而這些知識，一般練拳的人瞭解不多。這些內容，是古人認識世界、指導行動、說理論事的「工具」，就像中醫一樣，診病時總離不開四診八綱、陰陽表裏、寒熱虛實之類的醫理，不是僅僅靠著幾個祖傳秘方來行醫治病的。

武術也是這樣，不是只靠一拳一腳來體現武術的本質和全部。傳統武術內涵博大精深，外延無限廣闊，是數千年武林先輩用生命和鮮血換來的極其珍貴的非物質文化遺產。特別是太極拳，既是健身的法寶，又是防身的利器，還是令人開智開悟，使人聰明和善、開拓進取的良師益友。家父在武術理論和練法用法的有機結合方面，研究頗深，成果頗豐。所以他的武術理論精妙、高深、獨到，且趣味無窮。在八法演練和實用方面，家父精美絕妙的拳勢姿態，神出鬼沒的技擊威力，在武術界特別是太極拳界評

價極高。

張全亮師兄數十年如一日地研究家父的技術、理論、文化，成果顯著，在我們師兄弟當中是佼佼者，在武術界、太極拳界也是名聲顯赫。

2017 年他先後被北京體育大學武術學院和山東龍象天和太極文化發展有限公司聯合聘為「中國太極拳標準教學及養生康復功用研究組」研究員；被國家體育總局授予群眾體育先進個人；在「全球百城千萬人太極拳展演」活動中，他榮獲河南中國太極文化研究基地頒發的「太極拳傳承特殊貢獻獎」；在「第二屆世界太極文化節」上，他所創建的北京大興鳴生亮武學研究會被評為「最具影響力世界太極優秀機構」。他的業績為我們吳式太極門增添了光彩。

張全亮師兄所寫的「王培生先生拳術風格」一文，對家父的拳法特點總結得全面、深透、有新意，文字也精彩。多年前已被《精武》雜誌刊發，現在又收錄於本書附錄中。我想，師兄的用意，是要豎起一根標竿，讓後來人以家父王培生為榜樣，努力追求家父崇高的武德、精湛的技藝、超凡的境界、無畏的精神。其心拳拳，天地可鑒。願與我門弟子共勉。

北京市吳式太極拳研究會常務副會長
太極名家王培生之子

王乃昭

序二

｜ 明八法而得一拳 ｜

「太極八法」是很基本的，也是很高深的太極拳功夫。各派太極拳都有八法，說法、練法有相通之處，也有區別。

張全亮老師寫作出版《吳式太極拳八法》一書，從吳式太極拳的角度，結合張老師個人的理解和修為，講解八法之要、之妙，對於廣大太極拳研習者來說，是一件十分有益的好事。

太極內功，講的人多，但真正懂得的人少。因為內功有法要，有程序。很多人一知半解，練起來會茫茫然，誤己誤人。張全亮老師此書，具有很濃郁的內功特徵，恰是解答了許多人練拳中的疑惑。

張全亮老師是一位難得的太極內功大行家。這源於他對傳統武術用情之深，用情之專。「深」表現在幾十年不斷，日益加深，日益深厚；「專」表現在此生唯此事，未曾改，也不會改。這樣他就能夠完全沉得下來，靜得下來，以一種純粹的心境去追求太極拳的自然之境，這是內功的大要。這種「深」「專」完全熔鑄在武術的功技修為上，便打通了內外，所謂「如一」。

幾十年的教學實踐，又使得張老師十分善於把太極的

精微以通俗的形式講解明白，落實在書上，便是講得明了，又講得透徹。

本書雖然重點講的是「太極拳八法」，實則涉及太極拳的很多方面，真正實現「明八法而得太極」，具有很強的可讀性和實用性。

「理法兼備」是本書的一個重要特色，書中將太極拳的練法和古代哲學、中醫學的理論相結合，系統闡釋了太極八法的要義，在傳統拳論實踐的基礎上，呈現了許多獨特的感悟成果。因此，本書不僅對於吳式太極拳習練者有意義，對於其他流派的太極拳傳人也有重要的參考、學習價值。

世界太極拳網總編
著名武術文化學者
余功保

前言

　　我很早就想寫一點關於吳式太極拳的書。作為吳式太極拳（北派）的第四代傳人，一個習練了吳式太極拳幾十年、有著眾多門生弟子且年近 80 歲的人，我覺得自己有不可推卸的責任，同時也有一種緊迫感。這當然不僅僅是為了我的弟子們，更是為了我終生所喜愛的吳式太極拳——我國優秀傳統文化的一個代表性項目，我一定要把它毫無保留地傳承下去！

　　吳式太極拳起源於北京大興。按理，北京大興習練吳式太極拳的人應該不少，但在 40 年前我整個的青少年時期，北京大興從未見過、也未聽說過哪裏有練吳式太極拳的人。

　　我自幼酷愛武術，簡直到了痴迷的程度。幸運的是，20 世紀 70 年代初我遇到了著名的武術大家——精通太極、八卦等多門武術的一代宗師王培生先生，並於 1985 年正式拜他為師學習吳式太極拳。多年來，經恩師的悉心傳授和耐心指點，自己的功夫日益精進，我對吳式太極拳也越來越痴迷，並從拜師那刻起立下了要把吳式太極拳傳承下去的宏願。

　　40 多年來，我一方面自己刻苦練功，一方面在大興地區大力推廣吳式太極拳。現在，吳式太極拳在大興已經得到了極大的普及，其習練者已近萬人，從而使吳式太極拳成了北京大興區的一張獨特的文化名片。

　　為了更好地弘揚和傳承吳式太極拳和梁式八卦掌，我於 2005 年創辦了北京大興鳴生亮武學研究會，現在國內外已發展到 30 多個分會、百餘個輔導站。目前，據不完全統計，國內外學練我所傳承的吳式太極拳的人數已近 10 萬之多。

　　2009 年、2014 年，鳴生亮武學研究會傳承申報的吳式太極拳（北派），先後被評定為市級和國家級非物質文化遺產代表性項目。此後，我一直在想，為了把吳式太極拳的傳承、推廣再向前推進一步，使吳式太極拳的傳承更系統、更規範，我必須抓緊編寫和出版早就在醞釀之中的一系列關於吳式太極拳的書，我要把自己所掌握的吳式太極拳（北派）全部內容都整理出來，奉獻給全社會。

　　吳式太極拳系列圖書的主要內容如下：

　　一、拳術套路（包括入門套路、基礎套路、競賽套路、經典套路、原始套路和實用套路共六套）

　　（一）入門套路（傳統吳式簡化太極拳 10 式）

　　此套路主要是為既沒有足夠空閒時間，又沒有學練過

吳式太極拳國家級非物質文化遺產牌證

任何一種太極拳的人準備的。此套路易學、易練，可使習練者快速入門，並對吳式太極拳產生興趣。

（二）基礎套路（傳統吳式簡化太極拳18式）

此套路是為有一定太極拳基礎，但沒有練過吳式太極拳的人準備的。吳式太極拳有其獨特的運動特點，無論何人，開始習練時都會有一定的難度。習練者要想達到儘快掌握吳式太極拳運動規律的目的，避免或少走彎路，此套路不可不練。

此套路是從王培生先生傳授的傳統吳式太極拳37式套路中抽取18個式子，並按照其原來的先後順序重新組合而成。即從起式依次練到第7式（肘底看捶），共7個式子；然後再與第28式雲手的最後一個動作「左掌平按」（單鞭）相接，依次到收式，共11個動作，前後加起來共18式。這樣做的目的是為了便於吳式太極拳37式這一經典套路的學習和推廣普及。根據我多年教拳的經驗，初學者要一下子把王培生先生的37式學完，是有很大難度的。而這18個式子，都是37式中難度較小的式

吳式太極拳市級非物質文化遺產牌證

子，便於初學者先易後難地學習掌握，從而為系統學練吳式太極拳 37 式打下基礎。這 18 個式子練會了，習練者就基本掌握了吳式太極拳 37 式的運動規律，再接著學習中間的 19 個難度較大的式子，也就比較容易了。

（三）競賽套路（傳統吳式簡化太極拳 28 式）

此套路是根據當今流行的太極拳比賽或表演的時間要求，在傳統吳式太極拳套路中精選具有代表性的經典動作進行組合而成，是傳統吳式太極拳的競賽套路。

其特點有四：

第一，能體現出傳統吳式太極拳的特點，且盡為其精華所在。

第二，能體現出傳統吳式太極拳的難度和趣味性。

第三，演練時間符合現在比賽規則的要求。

第四，套路中的部分式子都是雙側練習，如「摟膝拗步」「手揮琵琶」「野馬分鬃」「玉女穿梭」「金雞獨立」「斜飛勢」「左右分腳」「裏外雲手」等。這樣編排，不僅對提高自身的協調性和左右平衡能力有很好的作用，還可以適應某些交流、演示場合的要求，在演練時臨時減少一個或一些式子的一側動作進行單側演練，能把時間控制在要求的範圍之內。

（四）經典套路（傳統吳式簡化太極拳 37 式）

此套路為先師王培生創編。1953 年，王培生先生於北京工業學院教授吳式太極拳時，為了使學員能在短時間內學會、打完一套完整的吳式太極拳並能掌握其精髓，同時，應大多數學員的要求，去掉了 83 式中的重複動作，

將原來老 83 式（326 動）刪定為 37 式（178 動）。招式的順序也按運動量的大小做了適當調整。

1953 年至今半個多世紀的實踐證明，這樣編排後教與學的效果都非常好。37 式太極拳已成為吳式太極拳（北派）傳人的必修課，特別是王培生先生門下多以此 37 式為主要學習和傳承內容。實踐證明堅持下工夫學練、研究王培生先生創編的吳式太極拳 37 式，是全面掌握吳式太極拳精髓奧妙的捷徑，是提高身體素質、提高推手和技擊抗暴水準、開智開悟的快速有效方法。

我經過 40 多年的苦練精研和 30 多年的教學實踐，深深感到這套拳絕對是太極拳的精品，內涵博大精深，外延無限廣闊，只要按規範要求認真研練，深刻體悟，不但會使你身強體壯，技藝精進，而且會使你開智開悟，使你為人處世的能力都會有很大的提高。

（五）原始套路（楊禹廷吳式太極拳 83 式、王茂齋吳式太極拳 83 式）

楊禹廷吳式太極拳 83 式是楊禹廷先生傳授的傳統吳式太極拳老架，王茂齋吳式太極拳 83 式是王茂齋先生傳授的傳統吳式太極拳老架。兩個套路雖各有不同的特點，但都展示了吳式太極拳的原始風貌。

（六）實用套路（吳式太極拳八法）

此套路是我在王培生先生傳授的八法的練用方法、理論、歌訣的基礎上，根據自己多年的體用感悟，進行充實、完善、細化而成的。我們可將其視為吳式太極拳的實用套路。

二、器械套路（包括吳式太極刀、吳式太極劍、吳式

太極槍、吳式太極黏桿等）

三、拳術理論

這一部分擬將 2007 年 1 月中國海關出版社出版的《行八卦運太極解玄機‧張全亮內家拳新解》一書中關於太極拳方面的歌訣、精論釋義進行重新整理、補充、釋義；另外，還擬將多年來自己在研究拳理拳法的過程中產生並記錄下來的一些歌訣、語錄整理註釋出版，獻給廣大太極拳愛好者。

四、袪病強身小功法

本人在多年追隨王培生先生學藝過程中，對他傳授的袪病強身小功法就非常感興趣；以後，在長期的實踐中，更深深感到王培生先生的「袪病強身小功法」是他無私奉獻給社會的、體現武醫結合、簡單易行、健身防身效果絕佳的寶貴財富，是中華民族的文化遺產。

吳式太極拳博大精深，準備寫出的這些，不過是其九牛一毛而已。本人水準有限且年事已高，一些事只能留給後來人去做了。至於書中的謬誤與不足之處，還望方家與廣大讀者不吝指教。

在本書的編寫過程中，除了夫人馬永蘭及子女外，我還先後得到中國日報社張永忠師弟，鳴生亮武學研究會廣東分會會長、我的弟子劉泉，副會長劉功烈、衛華、何承俊及弟子唐竹、再傳弟子李永峰等的熱情幫助，在此一併向他們表示感謝！

張全亮

吳式太極拳（北派）
鳴生亮門門規師訓

　　此乃我入門弟子張全亮君，於 1997 年 9 月為其入門弟子寫的門規師訓，余聞後甚喜甚慰，正合我教誨之意，故囑刊於《同門錄》之中，納為我吳式太極拳新時期之門規師訓，曉與門人，廣傳謹守。願我吳式太極拳之門人後代，德藝雙馨，德才兼備，藝業同輝，光大門戶，壯大國威。

王培生

1999 年 2 月於京師

一、忠於祖國，熱愛人民

「國家興亡，匹夫有責」乃中華兒女、炎黃子孫做人的根本。凡我門人後學均應以古今忠良為楷模，忠於祖國，熱愛人民，視祖國為自家，視人民為父母，任何時候都不能置祖國安危、人民痛苦於不顧，否則，乃不忠之人也。

二、孝敬父母，尊敬師長

生我者父母，教我者老師。無父母難生於世，無師教難以成人。父母之養育、師尊之教誨，恩重於山，終生難報。凡我之門人後學均應以古今賢孝為榜樣，孝敬父母，尊敬老師，否則，乃不孝之人也。

三、勤學苦練，不圖虛名

「入門引路需口授，功夫無息法自修」「久練自化，熟極自神」「師父領進門，修行在個人」，這些至理名言應為我門人後學之座右銘。為練好武藝，應勤奮學習，刻苦修練，寒暑不停，風雨不輟。不能淺嚐輒止，一曝十寒。應堅韌不拔，努力攀登武學高峰。不能徒有虛名、無所作為。

四、博採眾長，融會貫通

中華武術博大精深，各門各派均有所長。欲求

精進，必須在精研、深悟本門技藝的基礎上，博採眾長，將兄弟門派拳理拳法之精華與本門拳藝融會貫通。同時，還要努力學習其他自然科學知識，觸類旁通。努力在繼承的基礎上有所發現、有所創造、有所前進。只有這樣，才能真正光大門戶。

五、文明禮貌，誠以待人

文明、坦誠乃古之所倡，今之所求，是社會發展之標誌。凡我門人後學必須文明禮貌，誠以待人，做到說文明話，辦文明事，做文明人。不損人利己，不狡猾奸詐，不傷風敗俗，不逞強好勝。要坦誠和善，謙恭禮讓，善納忠言，遵守社會公德，團結友愛，助人為樂。

六、遵紀守法，見義勇為

習武宗旨乃為健身抗暴、維護正義。凡我門人後學都要自覺遵紀守法，以自己良好的武德和技藝，做安定團結的楷模，同時還應弘揚正氣，見義勇為，積極維護國家和人民的利益，勇於同壞人壞事做鬥爭。

張全亮

2016 年 10 月修訂

目 錄

上編

吳式太極拳八法真解

第 一 章

八法概説

八法概説

　　太極拳素有「八法」之說。所謂「八法」，是指太極拳的「掤、捋、擠、按、採、挒、肘、靠」八種手法或八種勁別而言。其中，「掤、擠、肘、靠」代表四個進攻的手法，而「捋、按、採、挒」代表四個化解的手法。

　　太極拳之八法，是在技擊實戰中攻防的主要方法，是太極拳技擊術的精華。

　　《太極八字歌》云：「掤、捋、擠、按世間稀，十個藝人九不知。若能輕靈並便捷，沾連黏隨俱無疑。採、挒、肘、靠更出奇，行之不用費心機，果能沾連黏隨字，得其環中不支離。」

　　《太極打手歌》云：「掤、捋、擠、按須認真，上下相隨人難進。任他巨力來打我，牽動四兩撥千斤。引進落空合即出，沾連黏隨不丟頂。」從這兩首歌訣中，我們可以清楚地看出，太極拳八法在太極拳技擊術中的地位是何等重要。

　　八法的運用離不開五種步法，即前進、後退、左顧、

右盼、中定。這五種步法，常以「金、木、水、火、土」五行來分別指代。這五種步法與八法合起來稱為十三勢，或八卦五行、八門五步、五門八法，但通常都稱為十三勢。十三勢是太極拳的精髓。太極拳雖然流派紛呈，師傳不一，風格各異，各流派對八法的內涵、外延、體用方法的認識各有千秋，但其拳理拳法都是以十三勢為核心的，無論誰都離不了十三勢。

吳式太極拳的八法，無論是其理論還是練法、用法，與其他流派相比，都有許多鮮明的特點。

下面，我結合自己所學和幾十年來練拳、教拳的體會，把王培生老師所傳的吳式太極八法的內涵、外延、體用方法做一系統介紹，供廣大太極拳愛好者研究參考。

我們先來看看吳式太極拳八法的理論基礎是什麼，看看在這樣的理論指導下，它又有怎樣的特點。

吳式太極拳名家王培生老師認為，太極拳和八卦掌以及其他許多古老的拳法一樣，都是以我國古代的哲學——陰陽八卦、五行生剋等為其理論基礎的。

王培生先生在教拳中總是強調「頭頂太極，胸懷八卦，腳踩五行」。他認為，太極拳由長期緩慢輕柔、細緻入微的拳架練習和經年累月、反覆不停的沾連黏隨、不丟不頂的推手實踐，目的主要是從知己、知彼的層面和捨己從人的高度提高自身的感知和反應能力，在敏銳感知對方「動靜之機」的同時，做出及時、準確的反應，使自己的神、形、意、氣自然與對方陰陽相合，做到顧打合一。

王培生老師所傳的吳式太極八法，在體用上強調八方

力圓中走，不凹不凸不丟頂。一動即變勁，遇力即合助。一勁一卦象，一運一太極。他處處強調天人合一，要求八法之勁，每一勁都要清楚其源於哪個穴位，對應哪個卦象，沖合哪一干支，出現哪種技擊效果，有何健身作用。他認為，八法之勁，全在中正安舒、自然旋轉的運動中順勢而生，進攻化解勿自伸屈，勿自主張，不可用力，要純任自然，純以意行，純是循客觀規律，合陰助陽，陰陽相合，自然而然，不要有獨陽進攻或孤陰化解的現象。

我們知道，在自然界中，地球繞太陽運轉，公轉自轉同時進行，兩儀（陰陽、晝夜）、四象（四方、四季）、八卦（風、雨、雷、電、地震、洪泛、火山爆發等各種自然現象）皆自然而生。人類對這些自然現象只能順勢循規、認識、利用，不能違逆、抗爭、逞強，人和世間一切事物的運動規律都是與天同性的。八法的運用也是如此。一言以蔽之：太極拳是一種「無為」的運動，處處式式循規而動，所謂「無為而無不為」也。

吳式太極八法不僅與我國古代哲學有著極為密切的關係，與我國傳統醫學的關係也是如此。例如，掤、捋、擠、按、採、挒、肘、靠這八種勁別，其形成和發出無一不是人體兩個不同的穴位或部位相合或相沖的結果。

對此，王培生老師曾總結有如下歌訣：

掤勁命門找環跳，捋勁食指畫眉毛。

擠勁夾脊找前腳，按勁憑欄樓下瞧。

採勁玄關找肩井，挒勁意在蹬後腳。

肘勁勞宮肩井合，靠勁玉枕扛大包。

此歌訣簡單明了地告訴我們，在使用八法擊人時，每一種勁法要求明確從何穴出發，與何穴相合或相沖，也就是意唸點應在何處。表面上是外形的變化，實則是穴位意念的變化，只有這樣才能做到「人不知我，我獨知人，英雄所向無敵」。明白了這些要點，在日常演練和技擊時，就有了明確的目標和方向，就能很快掌握其規範、要領，就抓住了主要矛盾，找到了入門和登高大成的捷徑。

八法中的掤、擠、肘、靠四勁是進攻之手法，捋、按、採、挒四勁為化解的手法。在實踐中除了要熟練掌握這八種勁別的著意點之外，還要熟練掌握它們之間的生剋關係。這種生剋關係，同樣是我國古代哲學思想在八法上的一種體現。

那麼，吳式太極拳八法相互之間有著怎樣相剋或相生的關係呢？下面這一首歌訣說得再清楚不過：

> 捋勁破掤勁，掤遇捋生擠勁；
> 按勁破擠勁，擠遇按生肘勁。
> 採勁破肘勁，肘遇採生靠勁；
> 挒勁破靠勁，靠遇挒生掤勁。

在理論上，瞭解了上述八種勁法的勁源點和相互間的生剋關係後，經過反覆實踐、認真體悟，由招熟到懂勁，由懂勁達神明後，就像給電腦裏輸入了一個正確的科學先進的程序，在實戰中就可以應物自然，以不變應萬變。八法的生剋是人體在防身禦敵的運動中循規順勢的科學體現，是「無為而無不為」的合道技藝，是體腦並練開智開悟的一種奇趣，是高效傳統經典的內家功法。

　　這八種技法要一法一法地反覆練習、體悟。先是一人演練——在手、眼、身法、步、精神、氣力、功夫練到自然合一、毫無滯點的程度後，再進行兩人對練，一人進攻，一人化解；待練到進退合一，不頂不抗的程度後，再換一法進行單人自練和雙人的對抗練習。如是八法都練得精妙後，再進行八法的連環整體練習——也是先單人練，再雙人練。總之，太極拳門人或愛好者，要想在太極拳的路徑上登高大成，要想以太極拳的純功絕技笑傲江湖，就必須在明師的指導下，對太極拳的基本八法進行認真的練習、實戰、體悟、研究，要下大功夫，否則很難窺其堂奧，達到神妙之境。

　　八法與我國古代哲學和中醫學的關係，除上面我們所說的之外，還表現在其他許多方面。這也是我們在學習八法時必須首先明確的。

　　我們先來看看下面這張表——我們姑且簡稱之為八法與八卦等概念的對照表吧。

八法	掤	捋	擠	按	採	挒	肘	靠
卦象	坎	離	震	兌	乾	坤	艮	巽
自然	水	火	雷（木）	澤（金）	天（金）	地（土）	山（土）	風（木）
方向	正北	正南	正東	正西	西北	西南	東北	東南
穴位	會陰	祖竅	夾脊（身柱穴）	膻中	性宮、肺俞	丹田	肩井	玉枕
臟腑	腎	心	肝	肺	大腸	脾	胃	膽

　　從表中我們可以清楚地看出，太極八法與中國的傳統文化如八卦太極學說等、各種自然現象、宇宙的運動規律、傳統醫學的針灸、人體內的五臟六腑等都形同一體，相互關聯。

　　太極拳的八法是一種文化，是中華民族在數千年求生存謀發展的奮鬥的過程中，用生命和心血逐步形成並沉澱下來的，既能防身抗暴又能強身健體，具有中國人獨特智慧和風格特點的文化，是國學內容的一部分。也可以說國學是中國傳統文化的寶庫或殿堂，研究太極八法和研究其他各門科學一樣，都是進入這個寶庫和殿堂的路徑。

　　太極八法文化內涵博大精深，科學外延無限廣闊，它既是一種巧妙自然，趣味無窮，久練不疲的健身、防身技術，也是一種窮畢生之精力難盡其奧妙的科學藝術。太極八法是太極拳技藝、太極文化濃縮的精華，是其全部內涵外延的集中體現。

　　這裏，我要提醒各位讀者，上面的這張表非常重要，不僅我們在閱讀下面的文字時離不開這張表，而且在今後我們繼續學習和演練八法時同樣離不開這張表——除非你對表的內容已然爛熟於心！

第 二 章

八法各論

第一節　掤

在八卦中，其卦為坎（☵）。坎中滿而上下虛，表示發掤勁時丹田要沉實，上下要虛靈。坎的方位為北，為正，五行中屬水，人體對應竅位是會陰穴（八法所涉穴位，後面有專門介紹）。

意想此穴襠胯自鬆，身體自然會形下勁上，如同注水下鑽上浮，產生一種向上的漂浮勁、膨脹力。此乃掤勁之始的（意）蓄勁（以心行意）。掤勁的最後完成或生效，還要藉助於十二地支中的子（腰，命門）與丑（實側胯之環跳穴）合（以氣運身）；同時還要配合科學規範的手法與身法。

在地支中重心如在右腳時，右胯為丑，意想命門穴（子）移向右胯，右手掤

圖2-1

勁自會產生（圖 2-1）。反之在地支中重心如在左腳時，左胯為丑，意想命門穴（子）移向左胯，左手之掤勁自會產生。

為了便於記憶，根據掤勁的行功要領，我編了這樣一首歌訣：

> 掤屬水下鑽上浮，子丑合鬆襠翻手。
>
> 六面勁忘掉手腳，主進攻上對下找。

意思是說，使用掤勁要效仿水的特點，先向下後向上，想會陰穴鬆襠，用命門找實腿（負重之腿）的環跳穴；同時上手（前手）翻轉，虛照對方臉面，下手前推。同時要把手腳忘掉，只想實腿一側的腰（子）與胯（丑）合，前手大指對鼻尖，眼看前手食指，心口窩追後手大指的指甲蓋。

前手食指找對方左眉梢，鼻尖對對方右鼻孔。這樣，就可以像水一樣形成六面合一之力上浮前衝，使對方拔根後仰。

第二節　擠

在八卦中，其卦為震（☳）。震仰盂，表示發擠勁時要意在腳下，腰以上要虛靈。震的方位為東，為正，五行屬木，人體對應竅位是夾脊穴（作者經反覆研究考證認為應為身柱穴）。這裏指的是兩肩胛骨之間的一個穴位部位。

木屬直性，想此部位可產生一種勢不可擋的衝撞之力。推手中遇捋用擠，意想此處可生擠勁。

擠勁的產生還要與十二地支中的寅（實側腳之湧泉穴）與卯（身柱穴）相合，即在擠時想身柱穴往實腳上落，才能生效。在地支中重心如在右腳時，右腳為寅，意想右腳的湧泉穴與身柱穴為上下相合。右臂橫平於胸前，同時左掌於右臂彎處或右手之脈門處向右腳上拍按，擠勁（左）自會產生。（圖2-2）

圖2-2

反之，地支中重心如在左腳時，左腳為寅，意想左腳的湧泉穴與身柱穴上下相合，左臂橫平於胸前，同時右掌於左臂彎處或左手之脈門處向左腳上拍按，擠勁（右）自會產生。

為了便於記憶，根據擠勁的內涵與外延，我編了這樣一首歌訣：

> 擠屬木直撞前衝，
>
> 想前腳（實腳）再想夾脊（身柱），
>
> 寅卯合形同剎車，
>
> 主進攻狀若雷擊。

意思是說，使用擠勁要傚法木的特點，如以繩繫木向前平行撞擊他物，勢不可擋，威力極大。在使用擠勁時要注意先想前腳之湧泉穴，再想身柱穴上下一合，也就是寅卯一合，就會像急剎車時一樣，產生一種驟然向前的衝撞之力。

第三節　肘

在八卦中，其卦為艮（☶）。艮覆碗，表示人體如同一座大山，肩肘露出水面，身體其餘部分都在水下——即只有肩肘是實的，身體的中、下部分都是虛靈的。打肘時要忘掉中、下盤。艮的方位為東北，為隅，五行中屬土，人體對應竅位是肩井穴——打肘時意想此穴，勁力圓整，氣勢磅　，傷害力極大。右肘的肘勁是由地支中的辰（實側肩之肩井穴）與巳（實側手之勞宮穴）相合產生的。（圖 2-3）

圖 2-3

反之，在地支中重心如在左腳時左肩為辰，左手為巳，意想左手之勞宮穴與左肩之肩井穴相合，肘之肘勁自會產生。

為了便於記憶，根據肘勁的內涵與外延，我編了這樣一首歌訣：

　　肘法渾圓用法多，如山沒水半山突。

　　勞宮肩井辰巳合，膝追肘頂命嗚呼。

意思是說，肘是近擊之法（遠拳近肘貼身靠），用法很多，但都是渾圓發力，不用分力，就像全身都在水中，只有肩、肘露在水面上，恰如艮卦的卦象。手與肩合，膝意想追前肘，肘勁自然向前，全身之力灌沖於肘，傷害力極大。

第四節　靠

在八卦中，其卦為巽（☴）。巽下斷，表示人體上、中實，腳下虛空。方位為東南，為隅，五行屬木，人體對應竅位是玉枕穴。在左肩打靠時，意想右肩井（辰——實側肩）與左環跳（戌——虛側胯）相沖為肩靠（辰戌相沖）；意想右環跳（丑——實側胯）與左肩井（未——虛側肩）相沖為背靠（丑未相沖）。（圖2-4）

圖2-4

反之，在右肩打靠時，意想左肩井（辰——實側肩）與右環跳（戌——虛側胯）相沖為肩靠（辰戌相沖），意想左環跳（丑——實側胯）與右肩井（未——虛側肩）相沖為背靠（丑未相沖）。

打靠時還要想前腳（實腳）空一下，前腳為實腳不能空。只要一想提膝走路就夠了。腳下想踩空或想腳踏祥雲靠勁自生，如「天馬行空」勇往直前。此式有很好的健身作用。王培生老師曾作「巽椿養生歌」一首，道盡此法的奧妙和健身作用：

> 腳踏祥雲身自玄，玄妙之門身自尋。
>
> 尋之至身顏為笑，笑顏常開身自安。

為了便於記憶，根據靠勁的內涵與外延，我編了這樣一首歌訣：

　　以肩打靠想足空，實腳難空想前行。

　　踩雲踏雪辰戌沖，靠勁自強還養生。

　　意思是說，以肩打靠時除要注意肩胯之外，在意念上還要特別注意兩腳踩空離開地面，或想腳踏祥雲，或想踏雪無痕，或想登萍渡水，或想腳底生風，這些想法、意念都可以——只要這麼一想，不但靠勁很大，還能起到養生保健之作用。

第五節　挒

　　在八卦中，其卦為離（☲）。離中虛，表示發挒勁時下要沉穩，上要中正，中要虛靈。方位正南，五行屬火，人體對應竅位是玄關穴（兩眉間向內，與囟門穴垂直的交叉點）。火有吞毀之力，能化萬物。人的兩眼和兩眉形如一個倒寫的「火」字，意想此穴，將對方掤勁引到眼前，轉身沿眉一畫，可如火燃物，頃刻使敵力化為烏有。

　　挒勁是由十二地支中的午（玄關）與未（肩井）合產生的。左挒時即以左手指肚沿右眉梢畫至右眉攢，再反手以指甲蓋從左眉攢畫至左眉梢，掌心斜向左外上方，同時想玄關找左肩井，右腳向右後方撤一大步，左挒勁即可生效完成。（圖2-5）

圖2-5

反之，右将時即以右手指肚沿左眉梢畫至左眉攢，再反手以指甲蓋從右眉攢畫至右眉梢，掌心斜向右外上方，同時想玄關找右肩井，左腳向左後方撤一大步，右将勁即可生效完成。

為了便於記憶，根據将勁的內涵與外延，我編了這樣一首歌訣：

> 将屬火能化萬物，
>
> 破掤勁食指畫眉，
>
> 午未合收玄（關）找肩（井），
>
> 想前手（心）動步移山。

意思是說，使用将勁時要效仿火的特點，遇到對方掤勁，要收祖竅，對對方之掤力要有大火燃吞灰化之氣勢，收玄（關）轉頭、找肩井，午未相合，意想前手手心（勞宮穴），隨之一撤後步。如此，即使對方力量再大，也會隨我而移動前傾。

第六節　按

在八卦中，其卦為兌（☱）。兌上缺，表示胸以上是虛靈的，中下部是沉穩的。方位正西，五行屬金，人體對應竅位是膻中穴。意想此穴可如金剋木，使對方擠勁落空。按勁是由地支中的申（虛側手之勞宮穴）與酉（膻中穴）合產生，再配以相應的手法和身法，對方便會覺如墜深淵。右下按時要意想膻中穴與左手大指相合，右手向下降至與肚臍相平，眼神從右手食指與中指之間的縫隙向下

看，意想眼神要入地三尺。（圖
2-6）

圖 2-6

反之，左下按時則要意想膻中
穴與右手大指相合，左手向下降至
與肚臍相平，眼神從左手食指與中
指之間的縫隙向下看，意想眼神要
入地三尺。

為了便於記憶，根據按勁的內
涵與外延，我編了這樣一首歌訣：

　　按屬金扶肘沾肩，

　　膻（中）找大指手追眼，

　　申酉相合中旋轉，

　　破擠令其入深淵。

意思是說，使用按勁時要效仿以金剋木之特點，把對
方擠勁視同直木，我欲以斧鋸將其劈折或截斷。其方法是
一手扶其打擠之肘，一手沾其肩，想膻中穴與前手心或大
指相合，眼神向下看，如同憑欄樓下瞧，手追眼神，胸肩
要虛活，重心要穩，腰胯要隨視線旋轉，如此，就可把對
方的擠勁引入「深淵」。

第七節　採

在八卦中，其卦為乾（☰）。乾三連，表示上、中、
下三田一線。方位為西北，為隅，五行屬金，人體對應竅
位是性宮穴和肺俞穴。意想此穴，可如金削木，使對方直

進之肘勢偏斜落空。

採勁是由地支中戌（虛側胯之環跳穴）與亥（虛側腳之湧泉穴）相合而產生。如以右臂採對方之左肘，則立右肘使大指對鼻尖，左手腕背部置於右肘下方，五指上翹緊貼右肘外側，掌心向外，眼神順中指與食指縫隙向下看，意想入地三尺；隨即上體左轉玄關找左肩井，意想虛側胯（右胯）之環跳穴（戌）與虛側腳（右腳）之湧泉穴（亥）相合，即戌與亥合。（圖 2-7）

圖 2-7

如以左臂採對方之右肘，則立左肘使大指對鼻尖，右手腕背部置於左肘下方，五指上翹緊貼左肘外側，掌心向外，眼神順中指與食指縫隙向下看，意想入地三尺；隨即上體右轉玄關找右肩井，意想虛側胯（左胯）之環跳穴（戌）與虛側腳（左腳）之湧泉穴（亥）相合，也是戌與亥合。

為了便於記憶，根據採勁的內涵與外延，我編了這樣一首歌訣：

> 採屬乾卦像三連，體內三田垂一線，
>
> 戌與亥合破肘打，垂肘大指對鼻尖。

意思是說，乾卦在自身的表現是上、中、下三田連成一條線——上丹田位於兩眉之間的玄關穴向裏，頭頂囟門穴垂直往下，兩者交叉的 90° 角處；中丹田在肚臍往裏，命門往前的 3/10 處；下丹田在二便之間的會陰穴——這

三者之間連成一線，就形成了一個無形的立軸，對方的肘
向我進攻時，我側身垂肘，大指對鼻尖，以三田連線為
軸，左右旋轉看肩井，就可輕易使對方進攻之肘落空而傾
跌。

🚶 第八節　捌

在八卦中，其卦為坤（☷）。坤六段，方位為西南，
為隅。五行屬土，人體對應竅位是丹田穴。此穴屬於脾
經，八法中此穴主捌勁。坤六段的卦象，在人體是指兩
眼、兩腎和兩睪丸。

兩眼的開合管兩手、兩足之鬆緊、剛柔。當意想兩眼
球內合，看兩大眼角，即向上丹田靠攏時，兩手、兩足自
然是鬆軟無力的；當意想兩眼球外展，看兩小眼角，即離
開上丹田時，兩手兩足自然是膨脹有力的。

兩腎的開合管兩肘、兩膝之鬆緊、剛柔。當意想兩腎
內合向中丹田靠攏時，兩肘、兩膝自然是鬆軟無力；意想
兩腎外展離開中丹田時，兩肘、兩膝自然是膨脹有力。

兩睪丸的開合管兩肩、兩胯之鬆緊、剛柔。當意想兩
睪丸內合向下丹田靠攏時，兩肩、兩胯自然是鬆軟無力；
意想兩睪丸外展離開下丹田時，兩肩、兩胯自然是膨脹有
力。

肩、肘、腕、胯、膝、足六大關節（即人體坤卦之
象），練得開合自如，捌勁才能便利從心。

捌法中有上捌、下捌、橫捌、騰挪捌之分。

上挒

右上挒。右手前伸，外旋使掌心
向上，左手掌心向下置於右肘內側。
隨即右腳前伸足跟虛著地面，左腿屈
膝下坐；隨即左足蹬力，右膝前弓成
右弓步。同時，右掌變拳向前上方衝
擊，左手亦同時握拳向左後方悠擺助
力置於左胯後，地支中為申——寅、
申相沖即為上挒。（圖 2-8）

圖 2-8

左式與右上挒姿勢相同，惟方向相反。

上挒的勁源或著意點在中丹田。如在右足前邁時，先
要想兩腎向內合於肚臍，肘、膝自會相合，內收產生蓄
勁。發勁上挒時，先想兩腎外展，向後離開肚臍去找命
門，左膝、右肘自然產生一種相沖之力，下傳於左足，上
傳於右手，產生下蹬、上提之挒勁。

下挒

右下挒是重心在右腿，左足前
邁，意想右手心往左足心上按（先合
一下），隨即左足後撤，右掌前伸，
地支中為巳（實側右手心）與亥（虛
側左湧泉）相沖。（圖 2-9）

左下挒姿勢相同，惟方向相反。

下挒之勁源或著意點在上丹田即

圖 2-9

兩眼的開合。如在左足前邁、右手上舉時，先要想兩眼球
向外看兩小眼角，這時右手（巳）與左足（亥）相沖。

　　隨即兩眼球向大眼角靠攏，右手順勢向左腳上虛合一
下，隨即再想兩眼球外展離開大眼角，看兩小眼角，左足
後撤、右手前伸——如此則下捌之勁自然產生。

橫捌

　　橫捌是卯（夾脊穴，即身柱穴）、酉（膻中穴）相沖。

　　如左手向左橫捌：以左手心向外握拳，右手心斜向
上，意想膻中穴（酉）向左，右肩找左胯，身柱穴（卯）
向右。（圖 2-10）

　　右式姿勢與此相同，惟方向相反。

　　又如右臂向右斜上方捌：右臂欲想向右斜上方弧形橫
捌，則右臂外旋向右上方旋舉，手心朝上。（圖 2-11）

　　左式姿勢與此相同，惟方向相反。

圖 2-10　　　　　　　　　　　　圖 2-11

騰挪挒

騰挪挒在地支中為子（命門穴）午（祖竅穴）相沖（上下拉拔）。

其勁源或著意點在下丹田。即在蓄勁時，先要想兩睾丸鬆垂合於下丹田（會陰穴），如此則肩胯自然鬆軟無力。隨之右膝前弓，同時兩手像打氣一樣向右腿兩側下按。再想兩睾丸上提離開會陰穴而小腹自收，子（命門穴）午（祖竅穴）亦會自然產生一種相沖之挒勁。同時右膝上提。隨即右膝自提向左擺動，兩手隨之向右擺動，左肩同時找右胯。此為右騰挪挒。（圖 2-12）

左式姿勢與此相同，惟方向相反。

為了便於記憶，根據挒勁的內涵與外延，我編了這樣一首歌訣：

　　　挒屬坤卦象六段，
　　　寅申相沖上挒成。
　　　子午相沖騰挪挒，
　　　巳亥相衝下挒精。

其意思是說，打挒勁時身形或肢體要上下或左右相關穴位向相反的方向用力，主要意念要放在蹬後腳上。

圖 2-12

第三章

八法與化、引、拿、發

太極拳基本八法掤、捋、擠、按、採、挒、肘、靠都是按照化、引、拿、發四個字設定的。也就是說，化、引、拿、發四字，乃是先師們設計八法時的出發點和落腳點。我們常說，要學以致用，學太極拳也不例外。所以，我們要十分重視八法與化、引、拿、發的關係。這才是學習八法的終極目的。

我的師兄張耀忠先生生前曾根據王培生老師關於八法與化、引、拿、發的講課錄音，整理過一篇文字，使王培生老師關於這一問題的精彩論述得以流傳下來。

化、引、拿、發四個字，講的就是太極拳中的四個勁，即化勁、引勁、拿勁、發勁。過去人們通常只講引、拿、發三字，強調要把對方發出去，必須有引、拿，如此才能發。但是在引、拿、發之前還必須有個「化」。若對方進擊，你不化開，沒有破了對方的攻擊力量，那你就會失敗，也就談不上後面三個字了。所以，每一個勁之前，必須有一個化。化的方法

有所不同，掤勁化的一般是對方的按勁，即對方下壓力很大，所以要用掤勁，但如果你開始就想著接觸點，這就犯了雙重之病。

拳譜上說得很清楚：「每見數年純功不能運化者，率皆自為人制。」就是說練了好多年太極拳了，但與人交手總不能取勝。下面又說：「雙重之病未悟耳。」你沒有明白雙重的毛病，這「化」字就不行了。怎樣才算雙重呢？就是對方按你時有個接觸點，只要你一想到在這個點上對方施加了壓力，這就算雙重，有時兩手用力或兩腳用力與對方對抗，也算雙重。雙重都有其位置、時間和方向。現往細說，就是思想意識，如與對方相對而行，你躲他，他也躲你，躲了半天還是躲不開，這就是雙重。

太極拳裏不能有這種現象，否則，前面所講的四個字就做不到了。首先要把雙重之病弄懂，懂了之後你才能向下進行。

當對方由上而下壓來時，我們不去想那個接觸點，而是把意念一個點放在腳心上，只想腳掌、腳心著地，這樣對方來的力便會化解了，他再動也沒有什麼感覺了。試驗一下，你就往我身上推或往下按；我呢，你這手往前方來力時我一點也不抵抗，想都不想——我稍微一想就僵了，你再這一按，我站都站不住；如果加力抵抗就力大者勝了。這力怎麼來化？——把這接觸點忘掉，不管它。我就腳跟著地想腳心，你再按，想腳心，腳掌起……這點叫化。拿的

時候我再想鼻尖跟腳大趾一去，這時候叫引。又觸動
一下，拿的時候左腳心與右腳心一空就行，發的時候
右手心凸出、左腳心凸出，就發出去了。拿起來以後
再發，就好發了。拿不起來，發不出去。必須把這勁
掌握好，須多做多練。在引的時候，拿鼻尖往腳大趾
上去，給他觸動一下，這點是柔中剛，你說有勁又沒
勁，說沒勁又有勁，沾連黏隨就在這裏面。就這麼一
去，這裏面好像有彈簧似的，觸動一下，然後再一
空，人就起來了，拿嚴了。放的時候，不要惦記推
他，推他還是雙重。想哪呢？想命門往胯上落就行
了，前手心凸出，後腳心凸出，重心往下移，前頭、
後頭對稱，這是一個平衡。自己本身採取一個平衡，
對方就不平衡了。你裏面的氣平衡舒展了，對方就不
舒服了。

　　剛剛開始的時候，你挺舒服，他一按你再發力，
我再一頂，他還舒服，這時我就難受了，他再把氣呼
出來，就到我腰上了，就站不住了。如果我就大大咧
咧這麼呆著，他一伸手我就迎，這就不行了。他在上
面進攻，你把意放在底下，如調虎離山之計，或者他
進攻你大本營，你抄他大本營的後路。你由上頭進，
我從底下進，你再進就起來了。你要回去，我把底下
收，追上頭就追到身上了，把你的力變成直力，我變
成暗，拇指跟膻中平，只要對方一伸手，盯住還回
去，就是一個方向。這裏結合力學的道理，操縱是心
理學，就是思想意識變化。在這地方要有聽勁，偵察

對方來的力，看他力的方向，是直力還是斜上力？如果是斜上力，用挒，你由下往上打，你看我這挒，這個勁。

上頭講的是掤，再講一個打肘用「採」破。對方用進步頂肘，我用採破肘。練習的方法：兩人對立，正面站好，甲方進肘，乙方給他一個點，點就是靶子。這種做靶子的練習在原來的教學方法中也有，等招、接招、還招、餵招，做靶子就等於餵招。餵招時，我如果讓你進右腳，我把左腳前伸，就是伸到你襠口。對方打肘，要腳踏中門，中門就是在對方兩腳之中，一插襠，也就是插襠步。插襠插多少，要注意，如果離得遠，就使墊步到位置，即把右腳跟貼到對方的左腳跟，最起碼得到這位置，多一點更好，不到位置不行。

做靶子不要害怕，這也是鍛鍊膽量，眼神盯住，兩人要先練習好。就是我不化，避免真頂上，以防傷著內臟，你也有一個分寸，就是腳跟到位置就行了，不要發勁。發勁時頭頂天，腳踩入地，一想無限遠，這人就出去了，肘勁就出來了。如果沒有這個意念，打上也不礙事。這對乙方是鍛鍊膽量，來勢很凶，但頂不著，就像戲劇武打似的。乙方不能害怕，也不要眨眼，一害怕全身都散，要頂上還好不了，這種勁容易打透。

對方進肘時，乙方撤步為動作一。二是膝蓋尖跟腳尖垂直，肘跟中指垂直。再想拿的時候，用膝蓋尖

找腳腕，同時手就起來了。然後再往後一合，就是一個前採——後採一個勁——把他整個提起來。當他腳後跟與我腳後跟黏上，我把左手往前伸，右腳往後撤，就留個襠口。你蓄力打，我把膝蓋尖與腳尖一垂直。你發力時拿手心找肩井（別變，直的）；我的手往內勞宮去，跟對方的外勞宮相貼，這是陰陽合。合了以後，使自己的合谷穴找自己的外曲池。破的時候，怎麼破？你剛感覺腰這兒難受，就想鬆左肩墜左肘，左手指尖一貼曲池，頂勁馬上就過來了。你想手心往我這兒找，但你感覺腰難受。這時你把肩放鬆，肘下沉，手往前走，這會兒你還是頂朝天腳入地，我如果往後一招你就頭朝下了。

採，就是大指跟鼻尖必須要平。捌時手按地，腳踏地，拔地騰空而起，叫騰挪。必須把步子選準了，按的時候是騰，騰起來，直接起，然後入的時候由裏邊入，還放到原地，要迎著他的大腿 10 公分（一個拳頭大），還往原處落，落近了不行，落遠了也不行。再加上手一個圈，將人打出去很遠，這叫順手。步子連手是這樣，肘還擋著你，然後再一個圈，一個平圓圈，打螺旋的。我再想命門和胯，往上端，這是掤，橫豎勁同時用，都是意念。

什麼時候才撤步？注意聽著對方的腳後跟，與自己的腳後跟貼上再撤，不要早了。如對方還沒有進，你剛一撤他也頂上了，這就是時間火候的掌握。腳後跟與腳後跟一貼，就差一拳，對方還往裏衝，又一

拳，對方在續勁的時候，你這裏拍，拿虎口從上邊找曲池，然後撤回來找少海，這是合谷和曲池合，跟少海合。這會兒拔腳起來，連扒勁帶起，再入，再圈，然後接著就擠，頂肘，肩打靠。

甲方用肘進攻，自己用採破肘。這個研究熟了之後，再反覆地練，掤進捋化，然後擠進攻，按破擠，肘進攻用採。

在打擠時一定要合轍，就好比桌子的榫一樣嚴實，翹一點也不行，要拿準拿穩。拿準是指什麼呢？就是要入榫。入榫是什麼呢？好比遇見一個不會拳的，他架子是散的。遇到這樣的人得把他拿準了，你拿不準拿不穩，他心裏不服你。你拿得嚴絲合縫，好比抓一個東西，就跟著走，這時候想往哪兒發就往哪兒發，發勁要的是這種勁。

今天講的是一個概念，讀者可按著這個去做每一個勁。那引勁很重要，你不能把對方的重心引起來，你就拿不準。他站得很穩，你不能起來就走，他不聽你的話，他懶懶著勁呢。他聽你的話好拿，你稍微拿鼻子往這裏一去，一擁他，就這麼一下又回來了。就跟打籃球的欺騙動作一樣，那球還沒有出手就又回來了。跟藝術體操表演似的，一扔圈又滾回來了。鼻子往大趾上一盯又回來，他就起來了。這種勁叫作「沾」，也是引，再細講是沾連黏隨，引進落空，捨己從人，裏頭都是陰不離陽，陽不離陰，剛柔相濟。

拳譜上說的要懂勁，須知陰陽。陰陽的配合，講

究時間，還有方向。時間就是火候，什麼時間他配合？有時不是看一剛一柔正往這兒走，這會兒就拿你拿不著，非得它這個陰陽相合。練成什麼樣子呢？就像是一個完整的蘋果，用刀子一切，讓它出一個紋。這個紋是什麼？這叫「中極」，蘋果兩半謂之「弦」，中極之弦亦陰亦陽，非陰非陽。蘋果一半為陰，一半為陽，左為陰，則右為陽。這一陰陽可以變化，也可以變動，也可以變靜。剛才我說得最巧妙的一點，就是做得準，不能離得太遠。分開了半天你再對，不容易，就是剛有紋，你一合還是整的，合起來就是太極，叫「靜之則合，動之則分」。拳譜上說的這兩句話就指這個意思。

動之則分，分什麼？就是分陰陽。靜之則合，它又還原了。這趟太極拳練的就是分陰陽，合陰陽，合完了分，分完了合，處處來回這麼轉。一個主動，一個被動。動之動，恆動。靜之靜為靜，動之動為動，什麼叫靜？什麼叫動？動之動，主動的為動，相對的也為動。就像行進中的儀仗隊中有一個排頭兵，他怎麼拐彎，後邊一點兒也不管，只管跟著走，排頭兵聽指揮官的口令，一迷糊就把隊全給帶散了。

把太極之理弄懂了以後就一通百通，一看便知。它有一個主輔、賓主，要把它結合起來。剛才講的都是圍繞太極之理，還是動靜相間，陰陽相合，這麼配合起來才行。

第四章

八法單操與按竅運身

　　如上所說，八法在技擊上的意義非常重要，它是實現化、引、拿、發克敵制勝的重要手段。沒有它，太極拳就不成其為拳，不成其為中華武術，而只能稱之為健身操。從這個意義上說，有志於學習和傳承吳式太極拳的人，一定要把八法學好、練好，把它世世代代傳承下去。此外，八法在健身方面的作用也十分明顯。為了便於朋友們瞭解每一法的具體健身作用，

　　我參照王培生老師所傳八法的收式動作和按竅運身的要求，在深入學習中醫理論和方法的基礎上，對每一式收式的內涵與外延都做了增補，給每個收式動作創編了兩句歸穴功效歌，對王培生老師生前教學或著述中沒有明示的地方儘量予以揭示。

　　掤：揉抱陽陵潤經筋，上托環跳緩衰老。

　　（圖 4-1、圖 4-2）

　　擠：極展雙臂舒筋脈，力納三清透頂門。

　　（圖 4-3、圖 4-4）

肘：意揉三里合臟腑，前推腎府壯本元。

　　（圖 4-5、圖 4-6）

靠：潛水摸魚活腰胯，神現芙蓉煥春顏。

　　（圖 4-7、圖 4-8）

捋：揉按肩井昇陽氣，意透湧泉滋腎陰。

　　（圖 4-9、圖 4-10）

按：穿點極泉和心血，單臂旋舉調脾胃。

　　（圖 4-11、圖 4-12）

採：滾揉大包推章門，通經活絡疏肝膽。

　　（圖 4-13、圖 4-14）

挒：拳打氣衝壯元氣，槖籥振奮補精髓。

　　（圖 4-15、圖 4-16）

圖 4-1　　　　圖 4-2　　　　　　　圖 4-3

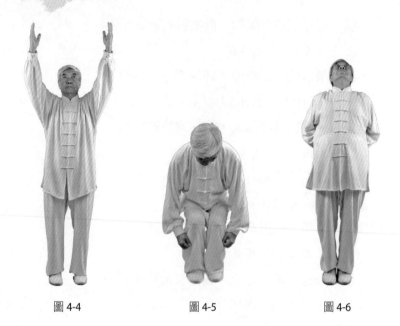

圖 4-4　　　　　　圖 4-5　　　　　　圖 4-6

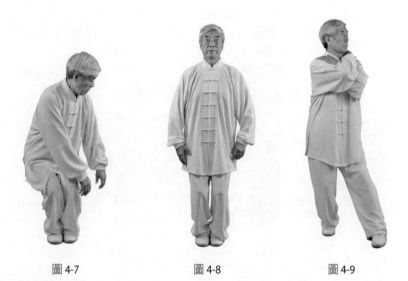

圖 4-7　　　　　　圖 4-8　　　　　　圖 4-9

圖 4-10   圖 4-11   圖 4-12

圖 4-13   圖 4-14   圖 4-15   圖 4-16

第 五 章

八法練習中的人體穴位

在前面我們逐一介紹八法時，曾涉及許多具體的穴位，認識這些穴位，對於我們學習和掌握八法至關重要；而重視穴位的作用，也是吳式太極拳區別於其他門派太極拳的一個突出的特點。現將這些穴位所屬的經脈、位置、治療作用、技擊功效等依次列出並註釋如下。

第一節　掤勁練法及收式中涉及的穴位

掤勁練法中涉及的穴位

掤勁穴位
與技擊

·肩井

【位置】

肩上陷中，當大椎穴與肩峰連線之中點。取穴時可屈臂以手搭對側肩上，中指所對之處即是。（圖5-1）

【所屬經脈】

足少陽膽經。

【釋名】

穴在肩上凹陷處，故名「肩井」。古有井田之法，「井開四道，而分八宅」，即四通八達也。古日中為市，交易者匯聚於井，故後人稱通衢為市。

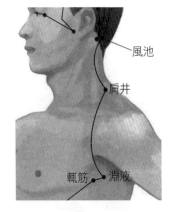

圖 5-1

本經通過肩部與諸陽經交會，其所治症，較為複雜，有如各病之集市，故名「肩井」。

【功能】

通經活絡，散風，止痛，疏風開胸，降逆平沖。

【主治】

肩背痛、頸項痛、落枕、感冒、耳鳴、耳聾、嘔吐、舉臂困難、乳癰、中風、瘰癧、難產等。

【技擊意義】

想此穴能自然沉氣、虛腋，攻防時能助八法各勁充分發揮威力。

如對方以雙手向我胸部撲來，我意想肩井穴即可把對方勁力化開。同時，鬆腰坐胯，以雙掌反撲對方胸部；或鬆腰坐胯向左或向右旋轉，即可出

圖 5-2

圖 5-3　　　　　　　　　　圖 5-4

奇制勝，令對方向後仰跌或向左右傾倒。（圖 5-2～圖
5-4）

・曲池

【位置】

屈肘，成直角，當橫紋端
與肱骨外上髁中間之凹陷處。
（圖 5-5）

【釋名】

曲，彎曲。池，水之停聚
處。必須屈肘取穴，凹陷方
顯，故名「曲池」。

【所屬經脈】

手陽明大腸經。

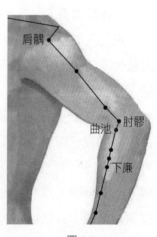

圖 5-5

【功能】

祛風解表，清熱利濕，調和營血。

【主治】

高熱、半身不遂、風疹、上肢麻痺、中風偏癱、手臂腫痛無力、咽喉腫痛、牙痛、目赤痛、過敏、腹痛、吐瀉、高血壓、癲狂等。

【技擊意義】

太極拳的練與用，各流派都強調沉肩墜肘。但吳式太極拳要求的沉肩墜肘不是外形上的沉肩墜肘，因為外形上的沉肩墜肘會形成肩肘關節韌帶的僵滯，影響氣血的流暢運行。吳式太極拳提出的沉肩不想沉肩，是想肩井穴；墜肘不想墜肘，而是想曲池穴找少海穴，這樣做就完全避免了上述的弊病。

練掤勁起手想肩井穴手自上抬，輕鬆自如；手臂外旋時一想曲池穴找少海穴，手心會自動翻轉向上，會使對方感到虛無縹緲，沒有依託，心生躁氣。如在推手或技擊時，對方從內側向外推我之肘臂，我無須用力抵抗或躲閃，只是意想曲池穴找少海穴，即可令對方之力落空旋傾跌出。（圖 5-6、圖 5-7）

【附註】

此穴為手陽明大腸經之

圖 5-6

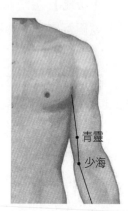

青靈

少海

圖 5-7　　　　　　　　　圖 5-8

合穴。合穴為經氣充盛，深入而匯於臟腑之穴，如百川之歸海，故曰「合」。人體十二經脈，各有一合穴。

・少海

【位置】

肘內側橫紋頭陷中。（圖 5-8）

【所屬經脈】

手少陰心經。

【釋名】

一曰：少，為手少陰心經。海，為百川皆歸之處。此為手少陰心經之合穴，故名「少海穴」。

二曰：本穴治多經之疾病，如表裏、虛實、寒熱以及七情志意等病，皆可以此穴治之，有如眾症來歸之地，故名「少海」。

【功能】

通經活絡。

【主治】

少海歸屬手心經，調和心血療多病。心疼手顫健忘症，肩臂麻酸伸舉痛。肘節疼痛難伸屈，腋瘰脅痛羊角風。

【附註】此穴為合穴。

【技擊意義】

雙方推手或技擊時，如對方按、擊我之肘臂，我意想少海穴找曲池穴，即可令對方落空旋出。（圖 5-9、圖 5-10）

圖 5-9　　　　　　　　圖 5-10

· 命門

【位置】

後腰部與前面肚臍相對之處，當第二腰椎棘突下凹陷中。（圖 5-11）

【所屬經脈】

督脈。

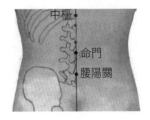

圖 5-11

【釋名】

中醫稱兩腎之間為生命之門，簡稱命門。本穴恰在兩腎俞之中。

【功能】

興陽益氣，寧心安神，補腎固本，強壯腰腎。

【主治】

遺精、陽痿、失眠、帶下、遺尿、泄瀉、脫肛、後頭痛、視物不清、臍腹疼痛、腰脊強痛、角弓反張、下肢麻痺、手足逆冷等。

【技擊意義】

命門穴與環跳穴上下相合可使重心完全垂直到一條腿上，進攻防禦，身如立軸，可中正安舒，圓轉自如，不易失利；進攻想命門穴身如開弓勁圓力大。

如對方推、擊我之胸部，我意想命門穴後移，同時出手反擊，對方會受內傷或向後傾倒；命門穴與環跳穴合可產生向上向外的掤勁。（圖 5-12、圖 5-13）

圖 5-12　　　　　　圖 5-13

· 環跳

【位置】

股骨大轉子高點與骶管裂孔連線之外 1/3 與內 2/3 交界處。（圖 5-14）

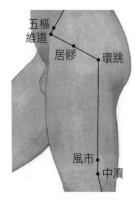

圖 5-14

【所屬經脈】

足少陽膽經。

【釋名】

每見人跳躍時，必先蹲身，屈其膝胯，本穴即在其所形成的半環形之凹陷中，故名「環跳」。穴在髖骨窩中，取穴時側臥屈膝，足跟抵近之處即是。

【功能】

通經活絡，祛風散寒，健利腰腿。

【主治】

腰胯疼痛、半身不遂、下肢萎痺、遍身風疹、閃腰差氣、膝踝腫痛。

【技擊意義】

環跳穴與命門穴上下相合，可使重心完全垂直到一條腿上，進攻防禦，身如立軸，可中正安舒，圓轉自如，不易失利。髖關節是人體的大關節，進退、化打威力極大。比如在推手或技擊中，對方之腿胯貼近我之右胯時，我意想左胯之環跳穴，即可把對方擊出，反之亦然。（圖 5-15、圖 5-16）

圖 5-15　　　　　　　　圖 5-16

掤勁收式中涉及的穴位

·陽陵泉

【位置】

小腿外側腓骨小頭前下方凹陷中。（圖 5-17）

【所屬經脈】

足少陽膽經。

【釋名】

陽陵，指人體外側局部之隆起

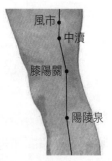

圖 5-17

處。泉，水從窟穴而出。此穴靠近

膝關節外側隆起處的凹陷中，故名為陽陵泉。

【功能】

通經活絡，舒肝利膽，清泄濕熱，可內合臟腑，外潤

經筋。

【主治】

膝關節痛、坐骨神經痛、下肢麻木、偏癱、胸脅痛、膽囊炎、黃疸、口苦、嘔吐、水腫腹堅、小便不利、腳氣、小兒驚風等。

【技擊意義】

運動或技擊時意想此穴，可周身輕靈，勁力充足，彈性大，精神振奮。在推手或技擊時如對方左足前進，其腿膝貼近我之右膝外側，我意想右腿之血海穴找陽陵泉，對方膝關節就會因受擊而倒地。（圖 5-18、圖 5-19）

如果對方將左腿進到我右膝內側，我只需意想陽陵泉找血海穴，即可使對方膝關節受傷或跪地。（圖略）

【附註】

此穴為合穴。

· 環跳（同前）

圖 5-18　　　　　　　　圖 5-19

第二節　擠勁練法及收式中涉及的穴位

擠勁練法中涉及的穴位

擠勁練法
與技擊

·夾脊

針灸學中所說的夾脊，亦稱華佗夾脊，是指腰背部第一胸椎至第五腰椎棘突下兩側中線旁開一指寬處的一組穴位，一側 17 穴，左右兩側共 34 穴，屬於經外奇穴。夾脊治療範圍較廣，不同的部位治療不同的疾病。上背部的穴位治療心肺、上肢疾病；下背部的穴位治療胃腸疾病；腰部的穴位治療腰、腹及下肢疾病。這裏所說的夾脊是指兩肩胛骨之間的部位，所涉及的穴位也有多個。王培生老師說：「夾脊是指兩肩胛骨之間一巴掌處。」沒有確定具體穴位，經過反覆研究試驗，我認為如果精確到一個穴位的話，就是身柱穴。

·身柱

【位置】

後正中線第三胸椎棘突下凹陷中，約與兩側肩胛骨岡高點相平。（圖 5-20）

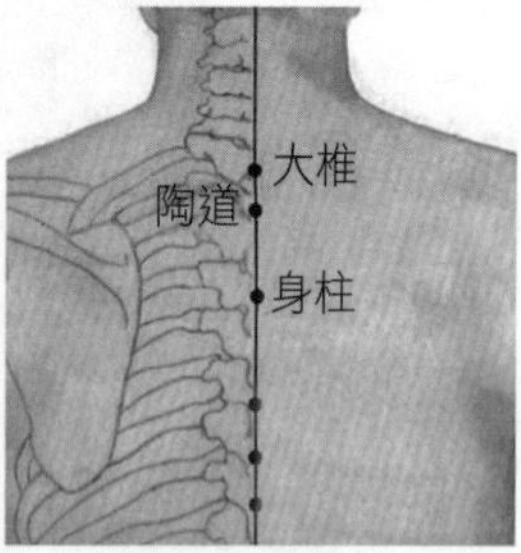

【所屬經脈】

督脈。

圖 5-20

【釋名】

身，指全身；柱，乃樑柱。此穴處為全身支柱之意，亦為督脈之要穴，若因腦力不足而眩暈；因中氣不足而喘

息；因心神衰弱而癲癇；因大氣下降而脫肛，針此穴升舉
陽氣，皆可治癒。

【功能】

興奮正氣。

【主治】

身熱、頭痛、眩暈、氣喘、咳嗽、癲癇、脊背強痛等。

【技擊意義】

《醫經理解》云，此穴「言骨柱於上，橫接兩膊，為
一身之柱幹」。想此穴與前腳（負重腳）足底的湧泉穴相
合即形成一個上下前後陰陽環接的圓輪，對對方具有極大
的擠撞碾壓之力。經常按此意念、技法反覆練習，功夫上
身，搭手即可使對方感到如車撞、似雷擊的強大衝擊力。
如對方以右手向右捋我之右腕，我順勢一鬆，意想身柱穴
向前腳上一落，同時以兩手相助，對方便會因受到撞擊而
坐地或向後傾倒。（圖 5-21、圖 5-22）

圖 5-21

圖 5-22

【附註】

在王培生先生所傳八法中，與擠勁相對應的是夾脊穴而非身柱穴。但王先生所說之夾脊穴並非針灸學中所說之夾脊穴，而是指「兩肩胛骨之間一巴掌處」，範圍比較大，並非指哪個具體穴位。

如前文所述，經筆者反覆研究體驗，認為這裏的「夾脊」應是身柱穴。

· 湧泉

【位置】

足底（去趾）前 1/3，屈趾蹠時之凹陷處。（圖 5-23）

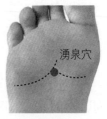

湧泉穴

圖 5-23

【釋名】

湧，湧出，上湧；泉，水從竅穴而出，經氣如泉水之上湧。故名湧泉。《靈樞·本輸篇》：「腎，出於『湧泉』。湧泉者，足心也。」

【所屬經脈】

足少陰腎經。

【功能】

通經活絡，滋陰降火，養肝熄風，開竅寧神。

【主治】

頭疼、頭暈、失眠、高血壓、小便不利、便秘、小兒驚風、足心熱、癲症、昏厥、中風、中暑、下肢癱瘓等，乃人體九個回陽穴之一（啞門勞宮三陰交，湧泉太谿中腕接。環跳三里併合谷，此是回陽九針穴）。

【技擊意義】

太極拳講其根在腳發於腿，主宰於腰，形於手指。演練和技擊都是要把主要意念放在腳下，如此才能做到發力沉穩，打擊力圓整。與對方交手意想湧泉穴，配合各種手勢可產生不同方向的捯勁，衝力巨大。

【附註】

此穴為井穴。「井」為經氣所出之源頭，故名之為井。人體十二經脈各有一個井穴，均位於手指、足趾末端淺表處。這些穴位，都是針感最強烈的地方，常用於治療各種急症，如中風不語、神志昏迷等。

它們是：手太陰肺經的少商，手陽明大腸經的商陽；手厥陰心包經的中衝，手少陽三焦經的關衝；手少陰心經的少衝，手太陽小腸經的少澤；足太陰脾經的隱白，足陽明胃經的厲兌；足厥陰肝經的大敦穴，足少陽膽經的足竅陰，足少陰腎經的湧泉穴；和足太陽膀胱經的至陰穴。

擠勁收式中涉及的穴位

・三清

「三清」不是一個穴位，而是丹家所說的上、中、下三丹田。

上丹田即玉清泥丸宮，為腦（神氣）；中丹田即上清絳宮，為心（心氣）；下丹田即太清氣海，為精（精氣）。神氣、心氣、精氣，統稱為內氣。而在人體外的天、地、人三才的清氣，統稱為外氣。

「力納三清」的意思是，在做完擠勁後，做收式時由

兩臂極力向前、向兩側、向上伸展把全身關節、韌帶拉開，腳後跟要隨著離開地面，把周身經脈全部舒展開，眼向遠看，耳向後聽，全身之汗毛孔全部張開，達到三融（頭融天、腳融地、胸融空）虛空的境界。

要隨著兩臂伸展的同時，以鼻孔用力做靜、綿、深、長的深吸氣，以意念將天、地、人三界的清氣（外氣）緩慢地吸入肺腑，吸足後閉息片刻，意想與體內三田之內氣融合為一體；隨即意想鬆腳腕、鬆膝蓋、鬆胯、鬆腰、鬆肩、鬆肘、鬆手。

意念到鬆手時，兩手之勞宮穴和周身之毛孔隨著身體之下鬆下墜（肩往腰上墜，腰往胯上墜，胯往膝上墜，膝往腳上墜），將胸中之氣注於丹田。

然後隨肢體直立復原，將體內的濁氣由口悠、緩、細、勻的呼氣和周身毛孔將體內長期淤積的濁氣、病氣排出體外。

【功能】

舒展筋骨，擴大肺活量，通經活絡，行氣化瘀，增強氣魄，內外溝通。

【主治】

元氣不足，心腎不交引起的全身乏力、精神萎靡、咳嗽胸悶、筋骨拘緊、失眠健忘等症。

【技擊意義】

遇敵交手，神充氣壯，會有一種氣吞山河，無我無他的氣魄，這是克敵制勝最重要的條件。

・百會

【位置】

頭頂兩耳尖連線中點。（圖 5-24）

【所屬經脈】

督脈。

【釋名】

百，百脈，百骸；會，朝

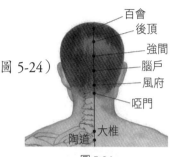

圖 5-24

會。穴居一身之最高，百脈、百骸皆仰望朝會，如天之北斗星也。穴在人體至高正中之處，為手足三陽與督脈之會。腦為一身之宗，百神之會，故名「百會」。

【功能】

解熱開竅，昇陽固脫，平肝熄風，鎮靜寧神。

【主治】

頭疼、眩暈、耳鳴、鼻塞、暈厥、中風、昏迷、驚悸、癲狂、高血壓、子宮脫垂、脫肛、陰挺、神經衰弱、健忘、血崩等。

【技擊意義】

技擊時想百會穴如車輪前行，可有效破壞對方重心，使對方向後仰跌。若以頭部擊打對方時想百會穴則威力巨大。（圖5-25）

圖 5-25

第三節　肘勁練法及收式中涉及的穴位

肘勁練法中涉及的穴位

·勞宮

【位置】

手掌中央，握拳後無名指、中指指端縫隙間。（圖 5-26）

肘勁穴位
與技擊

【所屬經脈】

手厥陰心包經。

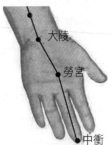

【釋名】

勞，即勞作；宮，王者所居。穴在掌中，即是司勞之處，又是高貴之地，足見此穴之重要。

圖 5-26

【功能】

養陰安神。

【主治】

心煩、脅痛、癲狂、口瘡、口臭、便血、尿血、嘔吐、手心發熱、鵝掌風、手顫、中風、悲笑、熱病等。

【技擊意義】

陽掌（手背）擊打時想勞宮穴，以陰助陽生合

圖 5-27

力；以肘擊人時用勞宮穴找肩井穴，不但可增加力量，在
遇到對方推按我之手背化力時還可以避免肘關節的損傷。
（圖 5-27）

意想勞宮穴與湧泉穴相沖可產生上捌勁。

・肩井（同前）

肘勁收式中涉及的穴位

・足三里

【位置】

膝眼下三寸，
外臁一寸中。（圖
5-28）

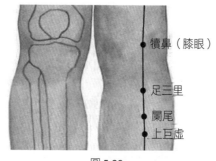

犢鼻（膝眼）

足三里

闌尾

上巨虛

圖 5-28

【所屬經脈】

足陽明胃經。

【功能】

調理脾胃，補養氣血，止痛鎮靜，調氣和血。

【主治】

胃痛、腹痛、腹瀉等消化系統疾病及高血壓、貧血、
下肢癱瘓、膝關節疾病、癲癇、神經衰弱等。為人體強壯
要穴。

【技擊意義】

技擊時想此穴可腹心鬆靜，防止心浮氣躁，兩小腿輕
靈有力。

・腎府

「腎府」並不是一個具體的穴位，而是泛指腎和整個

腰部。腎主水、主耳、主骨、納氣、藏精、生髓、主技巧、主生殖、合膀胱、藏智慧，推揉腎府可強身健體、防老抗衰的功效極為全面。

【功能】

強腰壯腎，固精盈髓。

【主治】

腰腿痠軟無力、陽痿早洩、健忘失眠、精神不振。

【技擊意義】

經常推揉腎府，可使腰腿強健、靈活，精神氣力充足；技擊時可靈活多變，不滯不呆。

第四節　靠勁練法中涉及的穴位

・環跳（同前）

・肩井（同前）

【附註】

靠勁收式中只有意想的部位（腰、胯），而沒有具體的穴位。當對方從背後按我肩部時，我只鬆胯轉腰，即可把對方旋出。（圖 5-29）

圖 5-29

第五節　掤勁練法及收式中涉及的穴位

掤勁練法中涉及的穴位

掤勁穴位
與技擊

・玄關

「玄關」並非是針灸學上的穴位，而是古代丹象之所謂「竅」。玄關的異名甚多，如祖竅、空中、真土、把柄、黃庭、黃中、無極、這個、黃婆、中土、淨土、神室、玄牡、玄竅等，不一而足。其具體位置，亦有不同說法。我們這裏所說的玄關，在印堂穴垂直向內，與囟門穴直下的交點之處。而印堂穴在兩眉間之正中點。（圖 5-30）

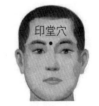

圖 5-30

【釋名】

此喻官印所在之地，為最高權力機關，位於人身天地之正中處，乃藏原始祖炁之竅。《樂育堂・語錄・卷二》：「人能一心靜定，摒除幻妄，迴光返照於印堂鼻竅，自然漸漸凝定，從氣海而上至泥丸，旋復降至中田，何莫非此胎息為之哉？」

【功能】

疏風定痛，清熱醒神。

【主治】

頭疼、眩暈、鼻衄、鼻淵、失眠、小兒驚風等症。

【技擊攻效】

技擊時想此穴之左右、上下運動，可有效掌控身體的重心，左右上下旋轉均可化打合一。（圖 5-31）

・肩井（同前）

圖 5-31

掤勁收式中涉及的穴位

・肩井（同前）

・湧泉（同前）

第六節　按勁練法及收式中涉及的穴位

按勁練法中涉及的穴位

・膻中

按勁穴位
與技擊

【位置】

兩乳頭連線之正中點。（圖 5-32）

【釋名】

《靈樞經・脹論》：「膻中者，君主之宮城也。」蓋指心包膜部位而言。此穴內景，正應心包外腔，故名「膻中」。

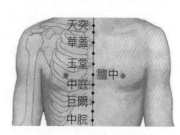

圖 5-32

【功能】

調氣降逆，寬胸利膈。

【主治】

胸悶氣憋、胸痛氣短、胸脅脹痛、咳嗽痰多、氣機不調、肝氣衝逆、心痛、乳痛、嘔吐、疝氣。

【技擊意義】

推手時對方以擠勁向我進攻，我則速以膻中穴找少商穴即可將其擠勁化掉，令其失中前傾。當對方以掌、拳向我之胸部推、擊時，我只同時意想膻中穴，即可將其來力化掉；隨之回擊對方，令其失利。（圖 5-33、圖 5-34）

圖 5-33

圖 5-34

・少商

【位置】

拇指橈側指甲角後一分處。

（圖 5-35）

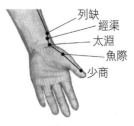

圖 5-35

【所屬經脈】

手太陰肺經。

【釋名】

少者末也。此穴乃手太陰肺經之末穴，交傳手陽明大腸經之初，出陰經而入陽經。商者在五音為金音，商之氣令，雖屬肅殺，但其初令，尚含生意，金氣之初，尚未全盛，故為「少商」。

【功能】

潤肺止咳。

【主治】

咳嗽氣喘、咽喉腫痛、呼吸衰竭、中風昏迷、中暑嘔吐、癲狂、鼻衄、發熱、窒息。

【技擊意義】

如上所述，少商穴與膻中穴相合所產生的按勁可破對方之擠勁。

按勁收式中涉及的穴位

· 極泉

【位置】

腋窩正中，腋動脈搏動處。（圖5-36）

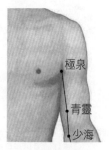

圖 5-36

【所屬經脈】

手少陰心經。

【釋名】

此穴所屬之手少陰心經於手三陰、三陽六經最裏。心

臟亦居胸部之極深。本經之氣，承足太陰脾經循經內行，傳交手少陰心經，由此穴透出，猶如出於極深之泉也，故名「極泉」。

圖 5-37

【功能】

調理脾胃，活血鎮痛。

【主治】

心痛、胸悶、脅肋脹痛、上肢不遂、肩臂疼痛、瘰癧、咽乾煩渴、悲愁不樂等。

【技擊意義】

技擊時意想極泉穴，腋虛肩活，周身輕靈無滯點。推手時對方以掌推我肩時，我意想極泉穴即可將對方彈出。（圖 5-37）

第七節　採勁練法及收式中涉及的穴位

採勁練法中涉及的穴位

・環跳（同前）

・湧泉（同前）

・玄關（同前）

・肩井（同前）

採勁收式中涉及的穴位

·大包

【位置】

腋中線直下第六肋間。

（圖 5-38）

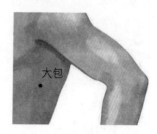

大包

圖 5-38

【所屬經脈】

足太陰脾經。

【釋名】

大包穴，為脾之大絡。其經氣行徑，由「周榮」斜抵脅肋，交貫肝、膽、心包各經，又與心、腎、肺、胃四經挨近。十二經中獨此經與他經挨連廣泛。故以脾經為總統十二經絡，稱其為脾之大絡。「大包」為大絡之末穴，故名曰「大包」。

【功能】

通經活絡，可「總統陰陽諸絡，灌溉五臟」（《類經圖翼》）。

【主治】

胸脅痛、氣喘、全身疼痛、四肢無力。

【技擊意義】

經常揉擊此穴可使周身輕靈活快，並能提高抗擊打能力。

【附註】

此穴為脾之絡穴。「絡」乃聯絡之意，起聯絡表裏兩經的作用。

· 章門

【位置】

第 11 肋端，或屈肘合腋平肘尖盡頭處。（圖 5-39）

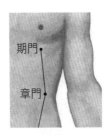

期門

章門

圖 5-39

【所屬經脈】

足厥陰肝經。

【釋名】

章同障，障礙也。《禮記》「四面有章」是也。章門穴能治癥、瘕、疝、痞及臟器鬱結之症。針灸此穴猶開四障之門，以通痞塞鬱結之氣，故曰「章門穴」。

【功能】

疏肝理氣，和胃健脾。

【主治】

嘔吐、腹痛、腹脹、腹瀉、腸鳴、胸脅痛悶、欲食不下、消化不良、痞塊、神疲肢倦、腰脊冷痛等。

【技擊意義】

同上大包穴。

【附註】

此穴為脾之募穴，乃臟腑經氣匯聚之處；又是「八會」穴之一，為足厥陰、足太陰和陰維脈交會之穴。

🏃 第八節　捌勁練法及收式中涉及的穴位

捌勁練法中涉及的穴位

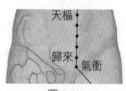

捌勁穴位
與技擊

· 湧泉（同前）

· 勞宮（同前）

· 身柱（同前）

· 膻中（同前）

· 命門（同前）

· 祖竅（同前）

勁收式中涉及的穴位

· 氣衝

【位置】

臍下 5 寸，旁開 2 寸，腹股
溝稍上方。為水穀之海，為胃經
脈氣上輸之處。（圖 5-40）

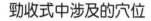

圖 5-40

【所屬經脈】

足陽明胃經。

【釋名】

人呼氣時腹氣下降曰「歸根」。吸氣時，腹氣由此穴
內部上衝。與其直上一寸的歸來穴成橐籥作用。歸來穴居
上，其作用為鎮墜下降。氣衝穴居歸來穴之下，其作用為
擎舉上衝，故名為氣衝穴。

【功能】

調理脾胃，促進運化，補充精髓。

【主治】

小腹痛、睪丸痛、疝氣、呃逆、月經不調、不孕、陽痿、陰莖痛、生殖系統諸多疾病等。

【技擊意義】

氣衝穴與其直上一寸的歸來穴合為內氣上下鼓盪之要穴，如人體腹部上下運氣之風箱。吸氣時，腹氣由氣衝穴上衝，呼氣時腹氣由歸來穴下降，二穴起橐籥（風箱）作用。推手或技擊時，意想前腿一側的氣衝穴可於無形無象之中產生擎舉上衝之力，對方難以察覺。若將對方發出或放倒再意想歸來穴，即可又於無形無象之中產生一種向前下抛擲之力。（圖 5-41、圖 5-42）

圖 5-41　　　　　　　　　圖 5-42

第六章

八法圖説

　　以上幾章文字，分別從不同的角度對八法進行了介紹。說實話，這些介紹，內容實在龐雜，對於許多人來說，很多東西過去都是聞所未聞的。

　　許多人看完之後難免會有一頭霧水之感，更不用說記住了。這對於那些對中國傳統文化瞭解比較少的人來說，恐怕更是如此。

　　為了方便讀者記憶，我畫了兩張圖，一張是六合六衝體用圖，一張是吳式太極拳八法圖。

　　這兩張圖，連同簡短的文字說明，讀者有的可能能夠看懂，有的可能仍舊看不懂。這不要緊，因為我們有些東西還沒有接觸到。我只希望，讀者在閱讀後面的文字時，經常回過頭來看看這兩張圖。這樣，圖裏的東西慢慢就會理解了，也記住了。

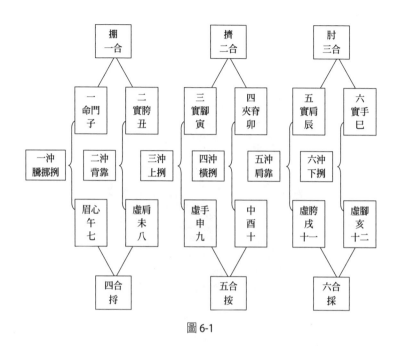

圖6-1

　　我們先來看第一張圖，六合六沖體用圖（圖6-1）。

　　從上圖中我們可以清楚地看出八法的形成與人體各有
關部位的合、沖關係及與十二地支的匹配。圖裏的內容我
們在後面要經常用到。

圖 6-2 吳式太極拳八法圖

　　我們再來看看第二張圖：吳式太極八法圖（圖 6-2）。

　　在這張圖中，我把吳式太極拳八法所涉及的諸如臟腑、穴位、方向、卦象、自然現象、方位、用法、歌訣等，都綜合在了一起，這樣，讀者在研究太極八法時，就可以一目了然地看清它們之間的相互關係。

第 七 章

八法訓練

🏃 第一節　單式練法

棚（右）

棚（演練）

預備式

　　兩腳自然站立，兩手心貼近大腿兩側，目平視遠前方，心平氣和。意想全身關節斷開，肌肉放鬆。

　　其順序是：先從兩手十指之末端關節想起，第一節向前、第二節向後，第二節向前、第三節向後……如此一直到掌、腕、肘、肩各關節之間依次斷開距離；同時想像每個關節間都長有一隻眼睛，關節之間就像有一種靈氣在蠕動。想完上肢隨即想下肢，即從腳趾開始往上想逐節斷開，長上眼睛，一直想到胯關節。接著再由尾骶骨想起，腰椎五節，胸椎十二節，逐節斷開，長上眼睛。最後兩眼向前平視，後頂往上一領，下頦微向內收，頸椎七節也全部斷開。（注意所有關節間的距離都是想斷開，不要想拉

開或鬆開）這時人體自會達到拳譜所說的「尾閭中正神貫頂，滿身輕利頂頭懸」的最佳狀態。

接著再連續想收縮骨髓與骨髓腔拉開距離，想全身肌肉和骨骼分離，想全身皮膚和肌肉分離，想周身汗毛孔都張開汗毛豎起來，激發毛孔呼吸的功能，使內外之氣交融。全身要有頭融天、腳融地、胸融空，形充天地、勢滿寰宇之感覺和氣勢。

然後再把上述所有意念全部忘掉，只著意下丹田。這時，身體感覺像是站在水中船上一樣，有一種輕微搖動之感。這表明，身心已進入演繹太極拳的佳境。

接著再意想命門（左腎右側、右腎左上角），橫膈膜自會上提，肚臍向後收貼近命門，自會產生「吸」氣之感。再想命門推肚臍，橫膈膜自會下降，肚臍會隨之前鼓離開命門，自會產生「呼」氣感。

如此三次，像拉風箱一般，感到氣往下行，經小腹、會陰到足心、大趾，形成拳譜上說的「胎息」的最佳呼吸狀態。「胎息」三次，如舊式鐘錶之上發條，待發條上滿，鐘錶會自動走起來。如從健身和技擊結合的角度講，八法每式練習都要按上述要求做好預備式。如單是從技擊角度考慮或表演時，則預備式之意念可以從簡。（圖 7-1）

圖 7-1

正式

1. **右掌前掤**。由預備式開始，鬆右肩，墜右肘，想像肘尖擦著地皮走，右臂自下向前上掤起，指尖朝上，掌心朝前，拇指指甲要對準自己的鼻子尖，右肘與左膝相合，右掌置於左腳上方。目光順著右手食指尖內側向前看去。（圖 7-2）

2. **右臂外旋**。意想右臂之曲池穴找少海穴，右手心自動旋轉向上，大拇指肚對正自己的鼻尖。（圖 7-3）

3. **左掌上抬**。上動不停，左掌自動抬起至腹前，指尖朝上，兩掌心有相合之意。（圖 7-4）

4. **右進左跟**。隨即以心口窩追左手拇指指甲蓋。同時，上右步跟左足，手腳身步的動作要協調一致。（圖 7-5、圖 7-6）

圖 7-2　　　　　圖 7-3　　　　　圖 7-4

圖 7-5　　　　　　　　圖 7-6　　　　　　　　圖 7-7

5. **右弓左撤**。上動不停，左腳向後撤一步，右膝前弓，左腿向後舒伸，兩足尖均朝前，成軌道步形。同時，意想命門穴與右環跳穴相合，鬆襠，右手心自動翻轉向前。鼻子尖與右膝尖、右腳大趾尖上下垂直一條線，「三尖相照」，右手大拇指指甲蓋與自己右鼻孔前後對正，左手拇指指甲蓋對正心口窩，橫向對正右肘尖。眼神視線順右手食指尖內側向前看去，想像六面勁，忘掉手腳。（圖7-7）

收式

1. **右按陽陵**。接上式，右手隨眼神由前向右後上方至右膝外下方之陽陵泉弧形旋轉降落，想像以右手之大指、中指、食指從空中捏取一根銀針刺入右陽陵泉，左手扶於右臂彎處。（圖 7-8、圖 7-9）

　　2.**左腳右靠**。意想右陽陵泉向右主動靠近針柄，讓針尖透出右陰陵泉。左腿自動向右腿靠攏，左腳與右腳並齊。左手隨眼神由前向左後上方伸展，手心斜向外。（圖7-10）

　　3.**左按陽陵**。左手弧形旋轉降落至左膝外下方之陽陵泉，想像以左手之大指、中指、食指從空中捏取一根銀針刺入左陽陵泉，讓針尖透出左陰陵泉，待兩側之針尖剛一接觸，有放電之感，立即將其忘掉。（圖7-11）

圖 7-8

圖 7-9

圖 7-10

圖 7-11

4. **兩掌抱膝**。速以左、右兩手心之內勞宮穴緊貼兩側之陽陵泉，兩掌用力向內合抱兩膝，欲將自身抱起離開地面；稍停，待兩腿和腰部發熱。此式可促進水火氣化，真氣運行，防治腎虛、腰疼等諸多疾患。（圖 7-12）

5. **兩掌托臀**。接上動，兩手由陽陵泉慢慢往後移動，以手心托住兩胯側之環跳穴，欲將自己托起。（圖 7-13）

6. **身體直立**。兩足蹬地，身體慢慢直立，兩手同時於環跳穴處向上、向前、向下貼胯畫一小圈，兩掌向下插伸，手心貼於股骨兩側，稍停，大腿會有發熱感。再以中指尖點按風市穴，感到肚臍回收，兩手放鬆，恢復至預備式。（圖 7-14）

以上是右掌前掤，練完右掌前掤再如是接練左掌前掤，動作要領與右掌前掤相同，惟方向相反。

圖 7-12

圖 7-13

圖 7-14

擠（左）

預備式（同前）
正式

擠（演練）

1. **右進右伸**。由預備式開始，以右手食指引導，使右臂向右前上方抬起，並伸直往左前方移動，使右手食指指肚和左眉梢前後對正。此時右腳自動向前邁進一步。（圖7-15）

2. **左掌打擠**。隨之屈膝，左腿後伸成右弓步。同時，意想右手背之前方似與一重物有相貼之感；隨即想身柱穴往前腳上落。同時，出左手，以左腕橈側之脈門，隨著身體的扭轉而自動地貼於右臂的曲池穴上——兩手猶如三角鐵架焊住一般，任身體轉動，始終保持緊貼，絲毫不可放鬆。而前腳必須落在右手背和左手指尖連線中點的地面上——如此，自會產生一種巨大的直衝之力。（圖7-16）

圖 7-15　　　　　　　　　　圖 7-16

收式

1. **兩臂前伸**。接上式，左右兩手同時向前遠方極力舒伸，手心向下。開始吸氣，目光向前平遠視。（圖7-17）

2. **兩臂平展**。上動不停，兩臂向左右兩側極力平展（吸氣不停），直至極限。（圖7-18）

3. **兩臂高舉**。上動不停，兩臂向上極力夠天，將氣吸足。同時，將左腿帶上來，左腳向右腳靠攏並齊。憋住氣，意想鬆腳腕、鬆膝蓋、鬆胯、鬆腰、鬆肩、鬆肘、鬆手腕。（圖7-19）

圖 7-17

圖 7-18

圖 7-19

4. **兩臂鬆落**。由上式，一想到鬆手腕，開始慢慢呼氣，兩臂自然放鬆，於胸前交叉降落於身體兩側，身體直立，恢復預備式姿勢。

注意在吸氣時要做到靜、綿、深、長；呼氣時要做到悠、緩、細、勻。（圖 7-20、圖 7-21）

以上是左掌打擠，練完後再接練右掌打擠，動作要領與左掌打擠相同，惟方向相反。

圖 7-20

圖 7-21

肘（右）

肘（演練）

預備式（同前）

正式

1. **右伸右進**。由預備式開始，左臂朝正前方伸出，手拇指朝天，小指向地。（圖 7-22）

2. **右弓右肘**。隨即右腳向前邁進一步。同時右臂前

圖 7-22　　　　　　圖 7-23　　　　　　圖 7-24

伸。右腿屈膝前弓，左腿後伸，成右弓步。（圖 7-23）

　　隨即右手向後回折，意想手心與右肩井相合，左掌指抵於右肘內側，意想頭頂百會穴四周的四個穴位（即四神聰穴）融天，右足心之湧泉穴入地，右肘肘尖向前穿透無阻。兩眼平視右肘方向。（圖 7-24）

　　練習頂肘時，心中要有三條線：即頭向上頂一條線，右腳向地一條線，肘尖向前一條線。這三條線和眼神要自覺向無限遠伸展，發出一種混元勁。

收式

　　1. 右按三里（穴）。接上式，右手隨眼神由前向右後上方至右膝外下方之足三里穴弧形旋轉降落，想像以右手之大指、中指、食指從空中捏取一根銀針刺入右足三里穴，左手扶於右臂彎處。（圖 7-25、圖 7-26）

　　2. 左腿右靠。意想右足三里穴向右主動靠近針柄，讓

圖 7-25　　　　　　　圖 7-26　　　　　　　圖 7-27

針尖透出對側的皮膚。左腿隨即向右腿靠攏，左腳與右腳並齊。左手隨眼神由前向左後上方伸展，手心斜向外。（圖 7-27）

3. **左按三里（穴）**。左手弧形旋轉降落至左膝外下方之足三里穴，想像以左手之大指、中指、食指從空中捏取一根銀針，刺入左足三里穴，讓針尖透出對側的皮膚。待兩側之針尖剛一接觸，有放電之感，立即將其忘掉。（圖 7-28）

4. **兩掌合抱**。速以左、右兩手心之內勞宮穴緊貼兩側之足三里穴，兩掌用力向內合抱，欲將自身抱起離開地面；稍停，等待兩腿發熱。（圖 7-29）

5. **推腰挺腹**。接上動，兩手由足三里穴慢慢往後移動至腰部，以兩手心用力前推，腹部極力前挺，頭向後仰眼看天空，兩足跟不要離開地面。（圖 7-30）

圖 7-28　　　　　　圖 7-29　　　　　　圖 7-30

6. **收腹直身**。由
上式，收腹直身，此
時提起足跟，穩定後
兩足跟落地，兩掌自
然向下插伸，手心貼
於股骨兩側。稍停，
待兩大腿有發熱感
時，再以中指尖點按
風市穴。感到肚臍回
收，兩手放鬆，恢復
至 預 備 式 。 （ 圖
7-31、圖 7-32）

圖 7-31　　　　　　圖 7-32

　　以上是右頂肘，練完右頂肘再接練左頂肘，動作要領
與右頂肘相同，惟方向相反。

靠（左肩）

預備式（同前）
正式

1. **右進右伸**。由預備式開始，右腳向前上步。同時，右手由下向前上方抬起，高與肩平，手心向內，前後與鼻對正。（圖 7-33）

2. **兩掌相疊**。隨即意想右手之拇指、食指、中指、無名指、小指的指甲蓋依次向上托起，手心再轉向下；同時左手向前抬起，置於右掌上方。（圖 7-34）

3. **左肩打靠**。上式不停，意想右臂的腕、肘、肩之關節一一折斷脫落於地，右臂下落鬆垂，落於右胯後方；左掌同時下落至左手腕靠近右肋，手心朝下後方，兩手虎口遙遙相對。兩眼朝身後回顧右手食指指甲。同時，左腳自動往左橫跨半步，左肩自動轉向正前方，而意念則在腦後

圖 7-33　　　　　圖 7-34　　　　　圖 7-35

之玉枕穴。（圖 7-35）

收式

1. **左腳右靠**。上式不停，上體繼續右轉成瞬間背靠，同時帶動左腳向右腳靠攏，兩膝相貼，左腳與右腳並齊。（圖 7-36）

2. **搖身直立**。隨即兩臂、兩腿同時鬆力，身體則由右往左自然轉動至極限。再向右轉動，兩臂自然相隨，似在水中摸魚一般。如此左右旋轉擺動，邊擺動

圖 7-36

邊立身，如此反覆地轉至身體自然直立為止。在此直立之際，意想自己是一朵剛剛露出水面的芙蓉花，水珠在葉面上滾動，豔麗動人，自己也要隨之眉開眼笑，恢復到預備勢。（圖 7-37～圖 7-40）

圖 7-37　　　　圖 7-38　　　　圖 7-39　　　　圖 7-40

　　以上是左肩打靠，練完後再練習右肩打靠，動作要求相同，惟方向相反。

挒（左）

預備式（同前）
正式

挒（演練）

　　1. **左食指肚畫右眉**。由預備式開始，以左手食指指肚觸摸右眉梢隨畫至右眉攢。

　　然後兩眼注視左手食指肚，這時手眼之間的距離便會自動拉開。（圖7-41～圖7-43）

圖 7-41　　　　　　圖 7-42　　　　　　圖 7-43

　　2. **左食指蓋畫左眉**。左手食指肚轉向外，以食指指甲蓋對正左眉攢畫到左眉梢，眼神隨移到左食指指甲蓋上。與此同時右手自動抬起，使右手中指指尖與左手拇指尖相平，兩手間隔一掌寬。

圖 7-44　　　　　　圖 7-45　　　　　　圖 7-46

　　右腳朝後撤一大步，左腿屈膝，右腿伸直，重心在左腿，兩腿成左弓步。（圖 7-44～圖 7-46）

收式

　　1. **左手右點**。接上式，重心右移，同時左手回夠右肩，以中指之中衝穴點按右肩井穴；同時右肘上抬與肩同高。意想左手中指之氣如同銀針向下穿透右湧泉穴。（圖7-47、圖 7-48）

　　2. **右手左點**。由上式，上體左轉，以右手中指之中衝穴點按左肩井穴；隨即左足向右足靠攏並齊，同時左肘上抬與右小臂貼近。

　　意想右手中指之氣如同銀針向下穿透左湧泉穴。重心完全寄於右足。稍停，兩手自然降落，回復到預備式狀態。（圖 7-49～圖 7-51）

圖 7-47　　　　　　　　圖 7-48

圖 7-49　　　　圖 7-50　　　　圖 7-51

　　以上為左挒手，練完此式，再練習右挒手。動作要求
相同，惟方向相反。

按（右）

預備式（同前）

正式

1. **兩掌左擺**。由預備式開始，雙手抬起向左後上方擺動。（圖 7-52）

2. **左撤雙按**。上式不停，身體微右轉，面向正前方。左手朝前與肩同高，手心向下；右手心向下，拇指與左乳頭相平。意在命門，肩背上聳，汗毛上豎，有如錦雞爭鬥之勢。隨即左腳向左後撤一大步，右腿屈膝成右弓步。左手回收至拇指與左乳頭相平，右手下降至臍下，再微微上提，與肚臍相平。眼神順右手中指與食指的縫隙間往下注視，意想入地三尺深。（圖 7-53、圖 7-54）

圖 7-52　　　　圖 7-53　　　　圖 7-54

收式

1. **右手點腋**。接上式，起身重心左移，右手回夠左腋，意想右手中指之中衝穴穿點左腋下之極泉穴；同時左掌內旋上舉，意想手心之勞宮穴將天空托起，同時深吸氣。（圖 7-55、圖 7-56）

圖 7-55　　　　　　　　圖 7-56

2. **左手點腋**。接上式，右肘上提，左手回夠右腋，意想左手中指之中衝穴穿點右腋下之極泉穴。隨即右掌內旋上舉，意想手心之勞宮穴將天空托起，同時深吸氣。收回右足與左足靠攏並齊。（圖 7-57、圖 7-58）

3. **合掌收式**。接上式，右手外旋立掌，沉肩墜肘，降於胸前，中指之中衝穴與人中穴相平；左手上移至右掌外側，掌心向內，復與右掌相合，並回復到預備式狀態。（圖 7-59～圖 7-61）

圖 7-57　　　　　　　　　圖 7-58

圖 7-59　　　　圖 7-60　　　　圖 7-61

　　以上是右按，練完後再練習左按，動作要求相同，惟方向相反。

採（右）

預備式（同前）
正式

採（演練）

1. **右弓分展。**由預備式開始，左腳向後退一步，腳尖虛著地面，右膝前弓。兩臂向前後伸展，兩掌心均向左。（圖 7-62）

2. **左坐立肘。**重心後移至左腳，左腿屈膝下坐，右足隨向後微撤，足尖朝前，全腳掌著地。右臂沉肩墜肘，掌指垂直上豎，大指對鼻尖；左掌立掌從右肘下向外推，使虎口緊貼於右肘外側，掌指向上。眼神從右手中指和食指縫隙間向下注視，意想入地三尺。同時意想右胯之環跳穴（戌）與右腳之湧泉穴（亥）相合。（圖 7-63）

3. **左轉看肩。**上動姿勢不變，上體極力左轉，眼看左肩井穴，意想玄關穴與左肩井穴相合。（圖 7-64）

圖 7-62　　　　圖 7-63　　　　圖 7-64

收式

1. **右弓雙伸**。接上式，上體回轉至面向正前方，同時兩臂前伸，兩掌掌心反向外與兩肩等高同寬。右腿屈膝前弓，成右弓步。目平視前方。（圖7-65）

2. **立身抱肘**。由上式，右腳蹬力回撤與左足靠攏，身體直立。兩臂同時外旋屈肘回收至緊貼於兩腋下之大包穴，兩掌跟用力揉按數次。（圖7-66）

3. **兩掌下推**。由上式，鬆肩墜肘使兩掌跟垂直下推至兩肋下之章門穴，同時用力按壓，稍停恢復預備式狀態。（圖7-67、圖7-68）

圖7-65

圖7-66

圖7-67

圖7-68

　　以上是右採，練完後再練習左採。動作要求相同，惟方向相反。

挒

預備式（同前）

正式

1. 上挒（右）

挒（演練）

　　由預備式開始，右手前伸，外旋使掌心向上，左手掌心向下置於右肘內側。隨即右腳前伸，足跟虛著地面，左腿屈膝下坐。同時，右手握拳向前上方向衝擊，左手亦同時握拳向左後方向悠擺助力。目視假想敵。稍停，恢復預備式狀態。（圖 7-69～圖 7-72）

　　以上是右上挒，練完後再練習左上挒。動作要求相同，惟方向相反。

圖 7-69　　　　圖 7-70　　　　圖 7-71　　　　圖 7-72

2. 下挒（右）

由預備式開始，重心右移，右腿屈膝坐胯，左腳前伸，足跟虛著地面。同時，兩手左斜下、右斜上分沖。隨即重心微向前移，右掌前伸；左足後撤一大步成右弓步，與右掌相沖形成下挒。目視假設敵。稍停，恢復預備式狀態。（圖 7-73～圖 7-75）

以上是右下挒，練完後再練習左下挒。動作要求相同，惟方向相反。

3. 橫挒（右手）

（1）右手向左右橫挒

右手右橫挒：由預備式開始，重心右移，左腿舒伸。右手內旋掌心向外握拳，由左向右平胸移動，意想膻中穴（酉）向右，左肩找右胯，夾脊穴（身柱穴）（卯）向左，與膻中穴相沖，左手亦握拳向左平移。（圖 7-76）

圖 7-73　　　　圖 7-74　　　　圖 7-75

　　右手左橫捌：由預備式開始，重心左移，左腿屈膝坐胯，右腿仆伸。同時，右拳外旋掌心向內，由右向左平胸移動，意想膻中穴（酉）向左，右肩找左胯，夾脊穴（身柱穴）（卯）向右，與膻中穴相沖，左拳隨勢向左後方移動助力，拳心向下。目視右前方。稍停恢復預備式狀態。（圖7-77）

　　以上是右手向左右橫捌，練完後再練習左手向左右橫捌。動作要求相同，惟方向相反。

　　（2）右手向右上斜捌

　　由預備式開始，左掌向左前方平推，同時右拳向右上方分撥旋舉，拳心斜向上，意想膻中穴與夾脊穴（身柱穴）向右上、左下相沖。稍停恢復預備式狀態。（圖7-78）

　　以上是右手向右上斜捌，練完後再練習左手向左上斜捌。動作要求相同，惟方向相反。

圖7-76　　　　　　　　圖7-77　　　　　　　　圖7-78

4.騰挪捯（右）

（1）右推左托。由預備式開始，右手向左腋下平行環移，左手同時向上托舉。（圖 7-79）

（2）左掌繞頭。由上式，左手臂外旋掌心向內，由右向後繞頭如攏小辮移到腦後；復以意如握辮根上提。（圖 7-80）

（3）右弓雙按。接著俯身，兩掌下按至右大腿兩側，成右弓步。（圖 7-81）

（4）右提左擺。隨即右腳蹬力起身，提膝直立，稍停右足左擺。兩手向右擺至極限，左掌靠近右膝，右掌平擺至右後方，兩手虎口遙遙相對。目視右手食指尖。肩、肘、腕、胯、足各大關節放鬆，肚臍回收，尾骶骨前勾。（圖 7-82、圖 7-83）

圖 7-79　　　　　圖 7-80　　　　　圖 7-81

圖 7-82　　　　　　　　圖 7-83

收式

1. **右弓前伸**。由上式，右腳向前落步，重心前移，成右弓步。兩手同時向前平伸。（圖7-84）

2. **兩掌前伸**。上動不停，前腳蹬力重心移至後足，左腿屈膝下坐。兩手經腹前、身體兩側弧形向前伸展，手背相對，掌心向外。同時，右膝再前弓成右弓步。（圖7-85）

3. **兩拳擊腹**。由上式，右足後撤與左足靠攏並齊。同時，兩

圖 7-84

掌握拳外旋拳心向上，迅速
有力向下擊打小腹兩下角之
氣衝穴。稍停恢復預備式狀
態。（圖 7-86、圖 7-87）

以上是右騰挪捌，練完
後再練習左騰挪捌。動作要
求相同，惟方向相反。

圖 7-85

圖 7-86

圖 7-87

🏃 第二節　連環練法

八法的連環練法，由右側開始；右側練完，然後過渡到左側，中間有幾個過渡的式子；左側練完，然後是收式，前後一氣呵成。

預備式（同前）（圖 7-88）

正式

右側

八法連環
練法

1. 掤（右）

（1）右掌前掤。由預備式開始，鬆右肩，墜右肘，想像肘尖擦著地皮走，右臂自下向前上掤起，指尖朝上，掌心朝前，拇指指甲要對準自己的鼻子尖，右肘與左膝相合，右掌置於左腳上方。目光順著右手食指尖內側向前看去。（圖 7-89）

圖 7-88　　　　　圖 7-89　　　　　圖 7-90

（2）右臂外旋。意想右臂之曲池穴找少海穴，右手心自動旋轉向上，大拇指肚對正自己的鼻尖。（圖7-90）

（3）左掌上抬。上動不停，左掌自動抬起至腹前，指尖朝上，兩掌心有相合之意。（圖7-91）

（4）右進左跟。上動不停，以心口窩追左手拇指指甲蓋。同時，上右步跟左足，手腳身步的動作要協調一致。（圖7-92、圖7-93）

（5）右弓左撤。由上式，左腳向後撤一步，右膝前弓，左腿向後舒伸，兩足尖均朝前，成軌道步形。同時，意想命門穴與右環跳穴相合，鬆襠，右手心自動翻轉向前。鼻子尖與右膝尖、右腳大趾尖上下垂直一條線，「三尖相照」。

右手大拇指指甲蓋與自己右鼻孔前後對正，左手拇指

圖 7-91　　　　　　圖 7-92　　　　　　圖 7-93

指甲蓋對正心口窩，橫向對正右肘尖。眼神視線順右手食指尖內側向前看去。想像六面勁，忘掉手腳，為右掌前掤。（圖 7-94）

2.**擠**（左）

上式不停，左腳自動向前邁進一步，屈膝，右腿後伸成左弓步；同時，右臂外旋，食指與右眉梢遙遙相對，意想右手背之前方似與一重物有相貼之感；同時左手腕之脈門，隨著身體的扭轉而自動地貼於右臂的曲池穴上，兩手臂猶如鐵焊，任身體轉動，始終保持緊貼，絲毫不可放鬆。而前腳與右小臂正中點垂直，意想前腳之湧泉穴找身柱穴，身柱穴找前腳之湧泉穴，為左掌打擠。（圖 7-95）

3.**肘**（右）

（1）左掌前伸。由上式，左掌立掌前伸。（圖 7-96）

圖 7-94　　　　　圖 7-95　　　　　圖 7-96

（2）右弓右頂。上動不停，上右足成右弓步，同時，右掌之內勞宮穴找右肩井穴，右肘自動前衝，左掌指尖抵於右臂彎處。目平視遠前方。右肘前頂。（圖7-97）

4. 靠（左）

（1）右掌平伸。由上式，右掌向前平伸，掌心向下。（圖 7-98）

（2）左掌平伸。上動不停，同時左掌亦向前伸，輕按於右手腕之上。（圖 7-99）

（3）左移左靠。隨即左腳向左橫移，同時上體極力右轉前俯，小腹放在大腿上，頭向後看。兩臂隨勢向後擺動至左掌到右膝外側，右掌到右胯旁，右胯與左肩前後相沖，兩掌虎口前後相對。意在玉枕穴，眼看後手（右掌）虎口。左肩前靠。（圖 7-100）

圖 7-97　　　　圖 7-98　　　　圖 7-99　　　　圖 7-100

5. 挒（左）

（1）左食指肚畫右眉。由上式，身體直立，以左手食指肚觸摸右眉梢至右眉攢。然後兩眼注視一下左手食指肚，這時手眼之間的距離便會自動拉開。同時右腳回收。（圖 7-101～圖 7-103）

圖 7-101　　　　　　圖 7-102　　　　　　圖 7-103

（2）左食指蓋畫左眉。上動不停，左手食指肚轉向外，以食指指甲蓋對正左眉攢，畫到左眉梢，眼神隨移到左食指指甲蓋上；與此同時，右手自動抬起，使右手中指指尖與左手拇指尖相平，兩手間隔一掌寬。隨即右腳朝右後撤一大步，左腿屈膝，右腿伸直，重心在左腿，兩腿成左弓步，左挒完成。（圖 7-104～圖 7-106）

6. 按（右）

（1）左掌前伸：由上式，左腳後撤與右足靠攏，足

圖 7-104　　　　　　圖 7-105　　　　　　圖 7-106

尖著地，足跟蹺起。同時，左掌向前平伸，掌心向下。
（圖 7-107）

　　（2）右弓雙按。上動不停，左腳向左後撤一大步，
右腿屈膝，成右弓
步。左手回收至拇
指與左乳頭相平；
同時右掌下降至臍
下，再微微上提，
與肚臍相平。兩眼
順右手食指與中指
尖之縫隙間往下注
視，意想入地三尺
深。右按完成。
（圖 7-108）

圖 7-107　　　　　　圖 7-108

7. 採（右）

（1）右弓分展。由上式，上體左轉，左腳順勢向後撤一步，腳尖虛著地面，足跟內收，重心寄於右足，成右弓步。兩臂向前後伸展，掌心均向左，成臥立掌。目視右掌方向。（圖 7-109）

（2）左坐立肘。重心向後移至左腳，左腿屈膝下坐，右足隨向後微撤，足尖朝前，全腳掌著地。右臂沉肩墜肘，掌指垂直上豎，大指對鼻尖；左掌立掌從右肘下向外推，使虎口緊貼於右肘外側，掌指向上。眼神從左手中指和食指縫隙間向下注視，意想入地三尺；同時意想右胯之環跳穴（戌）與右腳之湧泉穴（亥）相合。（圖 7-110）

（3）左轉看肩。上動姿勢不變，上體極力左轉，眼看左肩井穴，意想玄關穴與左肩井穴相合，左採完成。（圖 7-111）

圖 7-109　　　　　圖 7-110　　　　　圖 7-111

8.騰挪挒（右）

（1）右按左揚。上式不停，右手向左腋下平按；同時左掌經前向右上方揚起。（圖 7-112）

（2）右繞上提。隨即左手如攏小辮子，掌心向內，向右繞頭移到腦後上提。（圖 7-113）

（3）右弓雙按。接著俯身，兩掌向下按至右大腿兩側，成右弓步。（圖 7-114）

圖 7-112　　　　圖 7-113　　　　圖 7-114

（4）右提左擺。隨即右腳蹬力起身提膝直立；稍停，右足左擺。兩手向右擺至極限，左掌靠近右膝，右掌擺至右後方，兩手虎口遙遙相對。目視右手食指尖。肩、肘、腕、胯、膝、足各大關節放鬆，肚臍回收，尾骶骨前勾。（圖 7-115、圖 7-116）

圖 7-115

圖 7-116

過渡

1. 掤（右）

右腳向前落步，屈膝前弓成右弓步。同時兩掌向前撲按，意想命門穴找右胯之環跳穴。鬆襠鬆胯，右手大指對鼻尖，心口窩追左手大指。目視右手食指之商陽穴。（圖 7-117）

2. 採（左）

（1）左弓分展。由上式，上體右轉，右腳順勢向後撤一步，腳尖虛著地面，足跟內收，重心寄於左足，成左弓步。兩臂

圖 7-117

向前後伸展，掌心均向內，成臥立掌。目視左掌方向。
（圖 7-118）

（2）右坐立肘。重心向後移至右腳，右腿屈膝下
坐，左足隨向後微撤，足尖朝前，全腳掌著地。左臂沉肩
墜肘，掌指垂直上豎，大指對鼻尖；右掌立掌從左肘下向
外推，使虎口緊貼於左肘外側，掌指向上。眼神從左手中
指和食指縫隙間向下注視，意想入地三尺；同時意想左胯
之環跳穴（戌）與左腳之湧泉穴（亥）相合。（圖
7-119）

（3）右轉看肩。上動姿勢不變，上體極力右轉，眼
看右肩井穴，意想玄關穴與右肩井穴相合。（圖 7-120）

圖 7-118　　　　　　圖 7-119　　　　　　圖 7-120

3. 捌（左）

（1）左按右揚。上式不停，左手向右腋下平按，右
手同時向上托舉。（圖 7-121）

（2）右繞上提。隨即右手臂外旋掌心向內，向後繞頭如攏小辮移到腦後上提。（圖 7-122）

（3）左弓雙按。接著俯身，兩掌向下按至左大腿兩側，成左弓步。（圖 7-123）

圖 7-121　　　　圖 7-122　　　　　　圖 7-123

（4）左提右擺。由上式，左腳蹬力起身，提膝直立；稍停，左足右擺，兩手向左擺至極限，右掌靠近左膝，左掌擺至右胯旁，兩手虎口遙遙相對，目視左手食指尖。肩、肘、腕、胯、膝、足各大關節放鬆。肚臍回收，尾骶骨前勾。（圖 7-124、圖 7-125）

左側

1. 左掌前掤

左腳向前落步，屈膝前弓成左弓步，同時兩掌向前撲按，意想命門穴找左胯之環跳穴，鬆襠鬆胯，左手大指對鼻尖，心口窩追右手大指。目視左手食指之商陽穴。（圖

圖 7-124   圖 7-125   圖 7-126

7-126）

2. 擠（右）

上式不停，右腳向前邁進一步屈膝前弓，左腿後伸成右弓步。同時左臂外旋，食指與左眉梢遙遙相對，意想左手背之前方似與一重物有相貼之感；同時，右手腕之脈門，隨著身體的扭轉而自動地貼於左臂的曲池穴上，兩手臂猶如鐵焊，任身體轉動，始終保持緊貼，絲毫不可放鬆。前腳與左小臂正中點垂直，意想前腳之湧泉穴找身柱穴，身柱穴找前腳之湧泉穴。為右掌打擠。（圖 7-127）

圖 7-127

3.肘（左）

（1）右掌前伸。上式不停，右掌立掌前伸，掌心向內。（圖 7-128）

（2）左弓左頂。上動不停，上左足成左弓步。同時，左掌之內勞宮穴找左肩井穴，左肘自動前衝，右掌指尖抵於左臂彎處。目平視遠前方。左肘前頂。（圖7-129）

圖 7-128　　　　　圖 7-129

4.靠（右）

（1）左掌平伸。上式不停，左掌向前平伸，掌心向下。（圖 7-130）

（2）右掌平伸。上動不停，同時右掌亦向前伸輕按於左手腕之上。（圖 7-131）

（3）右移右靠。上動不停，右腳向右橫移，同時上體極力左轉，上體前俯，小腹放在大腿上，頭向左後

圖 7-130　　　　　　圖 7-131　　　　　　圖 7-132

看。兩臂隨勢向左後擺動，至右掌到左膝外側，左掌到左胯旁，左胯與右肩前後相沖，兩掌虎口前後相對。意在玉枕穴。眼看後手（左掌）虎口，右肩前靠。（圖7-132）

5. 挒（右）

（1）右食指肚畫左眉。由上式，身體直立，以右手食指肚觸摸左眉梢至左眉攢。然後兩眼注視一下右手食指肚，這時手眼之間的距離便會自動拉開。同時左腳回收。（圖 7-133～圖 7-135）

（2）右食指蓋畫右眉。上動不停，右手食指肚轉向外，以食指指甲蓋對正右眉攢畫到右眉梢，眼神隨移到右食指指甲蓋上；與此同時，左手自動抬起，使左手中指指尖與右手拇指尖相平，兩手間隔一掌寬。隨即左腳朝左後

撤一大步，右腿屈膝，左腿伸直，重心在右腿，兩腿成右
弓步。右捋完成。（圖 7-136～圖 7-138）

圖 7-133　　　　　圖 7-134　　　　　圖 7-135

圖 7-136　　　　　圖 7-137　　　　　圖 7-138

6. 按（左）

（1）右掌前伸。由上式，右腳後撤與左足靠攏，足尖著地，足跟蹺起。同時右掌向前平伸，掌心向下。（圖7-139）

（2）左弓雙按。上動不停，右腳向右後撤一大步，左腿屈膝，成左弓步。右手回收至拇指與右乳頭相平，同時左掌下降至臍下，再微微上提，與肚臍相平。兩眼順左手食指與中指尖之縫隙間往下注視，意想入地三尺深。左按完成。（圖7-140）

圖 7-139　　　　　　　　　圖 7-140

7. 採（左）

（1）左弓分展。上式不停，上體右轉，右腳順勢向後撤一步，腳尖虛著地面足跟內收，重心寄於左足，成左弓步。兩臂向前後伸展，掌心均向右，成臥立掌。目視左掌方向。（圖7-141）

（2）右坐立肘。重心向後移至右腳，右腿屈膝下坐，左足隨向後微撤，足尖朝前，全腳掌著地。左臂沉肩墜肘，掌指垂直上豎，大指對鼻尖；右掌立掌從左肘下向外推，使虎口緊貼於左肘外側，掌指向上。眼神從左手中指和食指縫隙間向下注視，意想入地三尺；同時意想左胯之環跳穴（戌）與左腳之湧泉穴（亥）相合。（圖 7-142）

（3）右轉看肩。上動姿勢不變，上體極力右轉，眼看右肩井穴，意想玄關穴與右肩井穴相合。（圖 7-143）

圖 7-141　　　　　圖 7-142　　　　　圖 7-143

8.騰挪捌（左）

（1）左按右揚。上式不停，上體左轉，左手向右腋下平行按，同時右手向左上方揚起。（圖 7-144）

（2）左繞上提。隨即右手如攏小辮子，掌心向內，向左繞頭移到腦後上提。（圖 7-145）

（3）左弓雙按。接著兩掌俯身下按至左大腿兩側，

成左弓步。（圖7-146）

（4）左提右擺。隨即右腳蹬力起身，提左膝直立。稍停，左足右擺，兩手向左擺至極限，右掌靠近左膝，左掌擺至左後方，兩手虎口遙遙相對。目視左手食指尖。肩、肘、腕、胯、膝、足各大關節放鬆，肚臍回收，尾骶骨前勾。（圖7-147、圖7-148）

圖7-144　　　　圖7-145　　　　圖7-146

圖7-147　　　　圖7-148

收式

1. **左弓前伸**。由上式左腳向前落步，重心前移，成左弓步。兩手同時向前平伸。（圖 7-149）

2. **兩掌回收**。上動不停，前腳蹬力重心移至後足，右腿屈膝下坐。兩手同時交叉隨即收至大腿根部，掌心朝上。（圖 7-150）

3. **兩掌前伸**。由上式，左腿前弓成左弓步。同時，兩掌內旋由脅下向前平悠，掌心朝外。（圖 7-151）

4. **兩拳擊腹**。上動不停，左足後撤至右足旁。同時，兩掌變拳，臂外旋，迅速有力地以兩掌跟向下擊打小腹兩下角之氣衝穴。稍停，恢復預備式狀態。（圖 7-152）

圖 7-149　　　　圖 7-150　　　　圖 7-151　　　　圖 7-152

第八章

八法推揉

推揉演練

　　吳式太極拳八法豐富多彩，靈活巧妙，但如果沒有科學的訓練方法，不經過嚴格的訓練，也是派不上用場的。所以，為了使吳式太極拳弟子、門人在實戰中能準確熟練地使用八法防身抗暴，幾種常用的推揉訓練方法必須要反覆認真地刻苦練習，才能有效提高吳式太極拳的推手和技擊水準。

　　這些方法的訓練，都是為了鍛鍊人在遇到不同方向、不同角度外力襲擊時，不驚不慌，不頂不弱，順勢圓轉自如，引進落空，合力擊發的自然反應能力。

　　八法的訓練，分為單人練習和雙人對練兩種。

　　單人練法練的是知己之功和「練時眼前無人似有人」的意識；雙人對練練的是知彼之功和「用時眼前有人似無人」的膽氣。

第一節　平圓、立圓推揉

平圓推揉

單人單手平圓推揉

1. 由預備式開始，右手立掌向前上方斜推，掌心朝前，大指指甲對鼻尖；隨即掌心轉向內，手心斜向上，沉肩墜肘，大指肚對鼻尖。目視食指尖方向。隨即左掌自然抬起置於右肘內側。

隨即右足前移，足跟著地，足尖翹起；左腿屈膝下蹲，重心完全寄於左足，右足能抬而不抬，上體中正安舒，尾骶骨對正左足跟，收腹溜臀。想像自己右腕與對方右腕相貼。（圖 8-1～圖 8-4）

圖 8-1　　　　　圖 8-2　　　　　圖 8-3　　　　　圖 8-4

2. 由上式，右膝前弓，右手內旋，手心朝外。想像翻手向對方頭面撲按，左掌同時向後擺動，以助前推之力。（圖8-5）

3. 由上式，重心後移，左腿屈膝下坐，右足尖上翹，足跟著地。

同時，右手臂外旋，隨坐身之勢，手心轉向左肩井，上體微向左轉，想像對方以右手撲按我頭面，我轉身翻手把對方勁力引開，使其落空。（圖8-6）

4. 由上式，下肢姿勢不變，向右轉體，左手同時前移至右胯前，以防對方左掌偷襲；右手心隨轉體之勢由左肩井前平移至右肩井前，掌心朝前，隨即向前按出。右膝前弓，想像對方進攻之力落空。

回撤之時，我順勢轉身前按，左掌同時向後擺動，以助前推之力。如是反覆循環練習。（圖8-7、圖8-8）

圖8-5   圖8-6   圖8-7   圖8-8

右式練一定時間或次數後，右足收回向左足靠攏，收式。右式練完後，再接練左式。左式方法同右式，惟方向相反。

雙人單搭手平圓推揉

1.單搭手法

甲乙（圖中男甲、女乙，下同）二人相對站立，右足各向前邁出一步。右手各自從右肋旁向前伸舉外旋，手心斜向上，左手自然下垂於左胯前。屈膝坐胯，重心寄於左足，右足跟著地，足尖翹起。甲乙兩足間距一順腳，雙手腕背相貼，成交叉式，凝神於皮毛，不可用力。（圖 8-9）

圖 8-9

2.平圓推揉

（1）由上式，甲右手內旋，掌心向下向前推按乙之頭面，沉肩墜肘，右膝前弓。乙以右手黏住甲之右腕，鬆腰坐胯，上體左轉，把對方之力引向左肩，手心對肩井；復上體右轉，右手沾引甲之右手向右肩前運行，同時翻右手，使手背對右肩井，下肢姿勢不變，上體保持中正安舒。（圖 8-10、圖 8-11）

（2）上動不停，乙屈膝前弓，右手向前推按甲之頭面。甲屈膝後坐，上體左轉，把乙之右手引向自己左肩，

手心對肩井；復上體右轉，右手沾引乙之右手背向自己右肩前運行，同時翻手，使手背對自己右肩井。（圖8-12、圖8-13）

如此不停往返，甲進（推）乙退（化），乙進（推）

圖 8-10

圖 8-11

圖 8-12

圖 8-13

甲退（化）。雙方均不可用力，只用意念沾黏連隨，不丟不頂。

右式練完後，再換練左式，動作要求相同，惟方向相反。

立圓推揉

單人單手立圓推揉

1. 由預備式開始，右手立掌向前上方斜推，掌心朝前，大指指甲對鼻尖；隨即掌心轉向內，手心斜向上，沉肩墜肘，大指肚對鼻尖，目視食指尖方向；隨即左掌自然抬起置於右肘內側。隨即右足前移，足跟著地，足尖翹起；左腿屈膝下蹲，重心完全寄於左足，右足能抬而不抬，上體中正安舒，尾骶骨對正左足跟，收腹溜臀。想像自己右腕與對方右腕相貼。（圖 8-14～圖 8-17）

圖 8-14　　　圖 8-15　　　圖 8-16　　　圖 8-17

2. 由上式，右膝前弓。同時右手內旋，手心外。想像翻手向對方頭面撲按，左掌同時向後擺動，以助前推之力。（圖 8-18）

3. 上式不停，設對方以右手向右上方引導，使我之右手落空，復立圓向我右胯進攻推按；我則順勢坐身吸胯右轉，以右手引對方進攻之手於右胯外側落空。對方必坐身抽手，我復再借勢，立圓向其面部進攻推按。如此反覆練習。（圖 8-19～圖 8-21）

圖 8-18

圖 8-19

圖 8-20

圖 8-21

4. 練習一定時間或次數後，再改為反方向立圓練習。即下肢姿勢不變，惟手之運動方向改為由上向下推按對方腹胯，對方引化後推我之頭面。（圖 8-22～圖 8-24）

圖 8-22　　　　　　　圖 8-23　　　　　　　圖 8-24

　　右式立圓正反方向練一定時間或次數後，右足收回向左足靠攏，收式。

　　左式練習同右式，惟方向相反。

雙人單搭手立圓推揉

　1. 單搭手法

　　動作與上述平圓推手相同。

　2. 立圓推揉

　　（1）由上式，甲以右手掌緣下切乙腕，隨之以手掌向乙面部推擊。（圖 8-25）

　　（2）乙上體右轉，屈膝坐胯，旋腰轉脊，右掌背貼黏甲之右掌向右上方化引，使之落空；隨即向右前下方推擊甲之腹胯，

圖 8-25

右膝前弓。（圖 8-26、圖 8-27）

（3）甲吸右胯，化乙推勁，復舉臂上提，再回推乙之頭面。如是反覆循環練習。（圖 8-28、圖 8-29）

右式練完後，再接練左式。動作規範要求相同，惟方向相反。

圖 8-26

圖 8-27

圖 8-28

圖 8-29

第二節 四正、四隅推揉

四正推揉

單人雙手四正推揉

1. 右掤

由預備式開始，右手立掌向前上方斜推，掌心朝前，大指指甲對鼻尖；隨即掌心轉向內，手心斜向上，沉肩墜肘，大指肚對鼻尖，目視食指尖方向；隨即左掌自然抬起置於右肘內側。隨即右足前移，足跟著地，足尖翹起；左腿屈膝下蹲，重心完全寄於左足，右足能抬而不抬，上體中正安舒，尾骶骨對正左足跟，收腹溜臀。隨之右腿屈膝前弓，左腿伸直，成右弓步。這時右掌掌心轉向前方。眼看右掌食指尖，心口窩找左手大指，命門穴找右胯之環跳穴。（圖 8-30、圖 8-31）

2. 左擠

接上式，步法不變，右掌以小指引掌向下降落，至與肘尖相平，掌心向內，指尖向左；待前臂於胸前屈成90°時左掌向前

圖 8-30

圖 8-31

移動，以腕貼於右臂彎上緣為度，掌心
向外，指尖向上。眼神順左掌食指上方
平遠視。重心在右腳，意在夾脊（身柱
穴）。（圖 8-32）

圖 8-32

3. 左将

接上式，右掌以小指引導向前下方
移動至臂舒直之後，右掌心翻轉向上
（意想托著對方左肘），隨即左掌以食
指引導向左後上方劃眉移動，右掌相
隨，至左臂舒展至左掌食指之商陽穴遙
對左額角為度。兩掌相距約 10 公分，掌心均向外，指尖
斜向上。同時，左膝鬆力，往後坐身，體重移於左腿；右
腿舒直，足跟著地，足尖翹起，形成左坐步式。眼神注視
左掌食指尖，意在左掌心。（圖 8-33～圖 8-35）

4. 右按

接上式，步法不變。眼神從左手食指移到右手食指，
重心仍在左腿。同時，鬆肩墜肘，兩掌間距不變，自動向
下降落，向後轉動。身體亦隨兩掌向右轉動，待轉向正前
方時，兩臂微屈，兩掌心向下，橫於胸前，左掌與兩乳相
平，右掌與肚臍相平。眼神仍注視右食指尖，意在膻中
穴。（圖 8-36）

5. 右掤

接上式，右腿前弓，左腿舒伸。兩掌隨勢同時向前平
伸，掌心朝前。眼看右掌食指尖，心口窩找左手大指，命
門穴找右胯之環跳穴，成右掤式。（圖 8-37）

圖 8-33　　　　　　圖 8-34　　　　　　圖 8-35

　　如此按上述動作規範反覆循環練習，練時要想像是在
與對方兩手沾黏推化，不丟、不滯，注意神意。

圖 8-36　　　　　　　　　圖 8-37

右式練完後，可改練左式。左式與右式動作相同，惟方向相反。

雙人雙搭手四正推揉

雙人雙手四正推揉法是兩個人在推手時用掤、捋、擠、按四法，向四個正方向週而復始地做互相推揉運動。

圖 8-38

1. 雙搭手

甲乙兩人對立，右足前邁，足跟著地，足尖翹起，左腿屈膝下坐。二人均伸右手，腕前相貼，手心斜向上，左手輕輕扶在對方肘部，上體中正安舒。（圖8-38）

2. 推揉

（1）甲掤乙捋

由上式，甲右手內翻，以手掌向對方面部掤推，左手貼肘相隨，屈右膝前弓，意想命門找右環跳。乙順勢後坐，上體右轉，右手沾領對方掤推之手，以食指從左眉梢劃向右眉攢，左手抶肘相助，使對方掤勁落空。（圖8-39、圖8-40）

（2）甲擠乙按

由上式，甲之掤手落空，順勢折右臂前擠；同時以左手腕置於右肘上方以助擠勢，意想身柱穴找前腳之湧泉

穴。乙同時吸左胯，上體左轉，雙手輕扶對方左肩右肘，
俯身向左斜下看，意欲入地三尺，使對方擠勢落空。（圖
8-41、圖 8-42）

圖 8-39

圖 8-40

圖 8-41

圖 8-42

（3）逃手托肘

由上式，甲之擠勢落空，速抽右手上托乙方左肘。（圖 8-43）

（4）轉腰圈掤

乙左肘受制，速坐胯鬆腰，使對方托肘之手不利，隨對方後撤之意左手向甲頭面掤推。甲隨坐胯向左轉身，以捋破之。（圖 8-44、圖 8-45）

圖 8-43

圖 8-44

圖 8-45

如此反覆循環推揉，練完右式可接換練左式。左式動作與右式相同，惟方向相反。

3. 收式

左右式練完後，前腳收回，雙方雙手脫離收至大腿兩側即可。

四隅推揉

單人雙手四隅推揉

1. 由預備式開始，重心左移。同時右手螺旋前伸，手心斜向上，大拇指肚對鼻尖；左手置於右肘內側，手心斜向下，鬆肩垂肘。隨即左腿屈膝下蹲，右足前邁，足跟著地。目視右手食指方向。隨之右腿屈膝前弓，左腿舒直，形成右弓步。同時兩掌翻轉向前撲按。（圖 8-46、圖 8-47）

2. 由上式，重心後移成左坐步式，右肘找左膝。復上體右轉，右手上提至虎口貼近耳門，左手隨移至前下方，兩掌掌心均向外。隨即右腿前弓，左手立掌下按，右手姿勢不變，隨勢以意下貫，意想雙手沾閉對方右肘，向其右

圖 8-46

圖 8-47

圖 8-48　　　　　　　圖 8-49　　　　　　　圖 8-50

胯處推逼。目視左手方向，使其處於不利之勢。（圖
8-48～圖 8-50）

　　3. 上式不停，重心後移，左腿屈膝坐胯。同時，右肘
找左膝，臂外旋，掌心斜向上，左手隨移至左胸前，掌心
向外，再上體右轉，重複練習。（圖 8-51～圖 8-53）

圖 8-51　　　　　　　圖 8-52　　　　　　　圖 8-53

4. 上述動作是意想雙方各推按對方右隅角一次（也可如是做多次重複循環練習）。然後想像雙方以雙手向左畫一平圓，換手再改為向左隅角推按。即上動不停，重心後移，上體微左轉，兩手隨勢由左向右畫圓，左手內旋移至左肩前上方，右手臂外旋隨勢移至腹前，兩掌心均向左，隨即右膝前弓，兩手如是隨勢做左側的四隅推揉。（圖略）

打完左隅角再畫圓換手打右隅角，如此反覆循環練習。此式腰腿運動幅度較大，練此式時要特別注意旋腰與坐胯的協調配合。

雙人雙搭手四隅推揉

1. 雙搭手

甲乙對立，右手腕相搭，左手相互扶肘。右足前邁，足跟著地，足尖翹起，左腿在後，屈膝坐胯，上體中正安舒。（圖 8-54）

2. 推揉

（1）甲提按

由上式，甲右手內旋上提，左手扶乙肘相助，隨即右膝前弓，雙手控制乙之右臂，向乙右腹胯處斜推。（圖 8-55）

（2）乙掩肘化甲

乙吸左胯抽身，右肘臂外旋掩肘找左膝，卸甲之

圖 8-54

力，引甲右手落空。（圖 8-56）

（3）乙提按

上式不停，乙借勢再上提右手（左手扶甲肘相助）至右耳門，復再如上法按原路線向甲右腹胯處推按。（圖 8-57、圖 8-58）

圖 8-55　　　　　　　　　　　圖 8-56

圖 8-57　　　　　　　　　　　圖 8-58

（4）甲掩肘化乙

甲吸左胯抽身，右肘臂外旋掩肘找左膝，卸乙之力，引乙右手落空。（圖 8-59）

圖 8-59

3. 畫圓換手

上述甲推乙化、乙推甲化可反覆多次循環練習，也可以推一個循環，就換手推另一側隅角。

欲換手推另一側隅角的方法是：甲由上式左轉身，引乙雙手一起畫一平圓，由右手相搭換為左手相搭。（圖 8-60～圖 8-62）

重複上述動作，即甲提按，乙掩肘化甲；乙提按，甲掩肘化乙。其動作規範要求相同，惟方向相反。（圖略）

4. 收式

上述動作反覆循環練習，收式時，先恢復雙搭手式，然後前腳收回，甲乙兩手脫離，回到大腿兩側，收式完成。

圖 8-60

圖 8-61

圖 8-62

🏃 第三節　雙人活步推揉與大捋推揉

雙人活步推揉

雙人活步四正推揉和活步四隅推揉主要是練習手腳的配合，在手上進行八法變化時腳下也必須協調一致地進行配合。為了節省篇幅，讀者可自己在實踐中去體悟。

單人大捋練法

與「吳式太極拳八法的連環練法」相同，不贅。

雙人大捋推揉

預備式。甲乙均並步站立，伸右手相搭，左手扶對方肘（圖 8-63）。此為雙人大捋推揉練法之預備式，與前面所說之單人練拳時的預備式不同。

圖 8-63

甲掤乙捋

甲：右腳向前邁進一步，以右腳後跟與乙之左腳後跟外側相互貼近（此稱套鎖）。與此同時，以左手扶住乙之右肘（始終不要離開），以右手的拇指肚朝乙的鼻尖推去。眼看自己的右手食指尖，兩腿成右弓步。

乙：左足往左後方撤退一大步，體重仍在右腿。在後撤之同時，以右手沾甲右腕，左手扶其右肘，往右後上方回捋。眼神注視右手食指指尖。（圖 8-64）

圖 8-64

甲擠乙按

甲：將左足向前邁進一大步，以左腳跟與乙之右腳跟貼近，隨之屈膝前弓，右腿向後伸直，重心在左腿，兩腿成左弓步。與此同時，以右手手背貼住乙方前胸，並以左手脈門扶在右臂彎處，向前擠出。眼神向前平視。（圖 8-65）

乙：當甲之左腳邁進一步之同時，將右腳收回，靠近左足，再向右後方撤一大步，重心仍在左腿，成左弓步。與此同時，以左手沾住甲之左肘，以右手輕輕扶按甲之左肩，往自己左膝上方按。兩眼注視左手食指指尖。（圖8-66）

圖 8-65

圖 8-66

甲肘乙採

甲：將右腳向乙襠內直進一步，隨之屈膝前弓，左腿向後伸直，重心在右腿，成右弓步。

與此同時，右手大臂曲折，右手心靠近右肩，並以左手大指朝天，中指指尖抵住右臂彎之尺澤穴。兩眼順右肘尖的上面往前平遠視。

乙：當甲進右步之同時，左右臂前後分展，隨即立肘，屈膝下坐，重心寄於右足，左小臂立於甲右大臂外側，封住甲肘。

甲肘欲向前衝擊，乙上體右轉，目視右肩井，使甲肘落空（圖 8-67、圖 8-68）

圖 8-67　　　　　　　　　　　圖 8-68

甲靠乙挒

甲：當身體被乙採住向前傾時，以左手扶乙方的右肘，右手扶乙方的右手腕，兩手同時向乙方的頭後上方掤出。隨即兩臂放鬆，朝自己之右後方下落——兩手心均向

下，兩手虎口前後遙遙相對，即左手靠近右肋，右手靠近右胯，使右手掌跟與左右兩腳的腳後跟成等邊三角形。

　　在兩手由前往右後方移動之同時，左肩朝乙方前胸撞擊，左腳也往左側橫移半步。眼神注視左食指尖。（圖8-69）

　　乙：當右手臂被甲掤起後，即順其方向從頭頂落至身後，再從身後落至身前，以右手採甲之左肘，往左沉落；左手同時先移到右腋下，然後用左手叼住甲之左手腕，兩手一起往左膝上方按壓。

　　隨即左腳蹬地騰起，兩手向左移動，使右手靠近左肋，左臂朝左後伸直，兩手心均朝下。與此同時，左腳由甲方右腿的外側移到內側，再往右移至身之右前方，垂懸不落。兩眼注視左手食指。（圖 8-70）

圖 8-69　　　　　　　　　　　圖 8-70

　　以上是甲進乙化（甲以掤、擠、肘、靠為進攻之法，乙以捋、按、採、挒為化解之法）之八種方法，若再返回的話，即乙進甲化為左式。如接上式練，則接乙掤甲捋。

　　乙：將左腳落於甲右腿內側，隨之左膝微屈前弓，右腿向後伸直，重心在左腿，形成左弓步。同時，以左手仍扶甲之左手腕，右手仍扶其左肘，往右前上方圈掤。眼神注視左手食指尖。（圖 8-71）

　　甲：將右腿往右後方撤一大步，重心仍在左腿，成左弓步。與此同時，用兩手分別扶乙之左手左肘，朝左後方捋出。眼神注視左手食指指尖。（圖 8-72）

圖 8-71　　　　　　　　　　　圖 8-72

　　由此往下「乙擠甲按」「乙肘甲採」「乙靠甲挒」等手法，均與右式動作相同，惟方向相反。如此反覆練習，循環無端，要求熟練，方能進入妙境。

　　換手換步法：進攻者以肘、靠二法連續重複多遍均可；化解者用採、挒二法連續練習多遍均可；如進攻與化解結合練習，即可以由原左式變為右式，或由原右式變為左式練習，其餘類推。

第四節　採浪花

　　亦名爛採花。此種推手方法沒有定式，雙方隨意進退推化，彼進我退，彼退我進；彼攻我化，彼化我變，心想勢成，如在大海中游泳，乘勢借力，隨波逐流，隨心所欲，隨遇平衡，以達到動即是法、應物自然、隨曲就伸的高級境界。但習者必須在八法、定步、活步練得規範、純熟後方可練習。切不可好高騖遠，急於求成，那樣將事與願違。

　　下工夫練好基本功，由招熟而漸悟懂勁，由懂勁而階及神明，自然水到渠成。如同書法，如不認真臨摹古帖，開始就求成速寫，寫一輩子也不會有成就。對此，習者不可不知。

第 九 章

八法病説

　　八法歌訣多是談太極八法的用法，而陳鑫所著《攬手三十六病》，則提示了太極八法在使用中容易出現的各種問題。這些問題，我們必須予以足夠的重視。這些問題是：

　　1.抽：是進不得勢，知已將敗，欲抽回身。

　　2.拔：是拔去，拔回逃走。

　　3.遮：是以手遮人。

　　4.架：是以胳膊架起人之手。

　　5.搕打：如以物搕物而打之。

　　6.猛撞：突然撞去，貿然而來，恃勇力向前硬撞；不出於自然，而欲貿然取勝。

　　7.躲閃：以身躲過人手，欲以閃賺跌人也。

　　8.侵凌：欲入人之界裏而凌壓之也。

　　9.斬：如以刀斫物。

　　10.摟：以手摟人之身。

　　11.擂（ㄇㄠˋ）：將手抵下去。

12. 搓：如兩手相搓之搓，以手肘搓敵人也。

13. 欺壓：欺是哄人，壓是以我手強壓住人之手。

14. 掛：是以手掌掛人，或以彎足掛人。

15. 離：是去人之身，恐人擊我。

16. 閃賺：是誆愚人而打之。

17. 撥：是以我手硬撥人。

18. 推：是以手推過一旁。

19. 艱澀：是手不熟成。

20. 生硬：仗氣打人，帶生以求勝。

21. 排：是排過一邊。

22. 擋：是不能引，以手硬擋。

23. 挺：硬也。

24. 霸：是以力後霸也。如霸者以力服人。

25. 騰：如以右手接人，而復以左手架住人之手，騰開右手以擊敵人。

26. 挐（音ㄋㄚˊ，牽引──引者注）：如背人之節以挐之。

27. 直：是太直率，無纏綿曲折之意。

28. 實：是質樸，太老實，則被人欺。

29. 鈎：是以腳鈎取。

30. 挑：是從下往上挑之。

31. 掤：以硬氣架起人之手，非以中氣接人之手。

32. 抵：是硬以力氣抵抗人。

33. 滾：恐己被傷，滾過一旁，又如圓物滾走。

34. 根頭棍子：是我捺小頭，彼以大頭打我。

35. 偷打：不明以打人，於人不防處偷打之。

36. 心攤：藝不能打人，心如貪物探取，打人必定失敗。

以上三十六病，或有全犯之者，或有犯其四五，或有犯其一二者。有犯干處，皆非成手；手到成時，無論何病一切不犯。益以太和元氣，本無乖戾故也。然則搕（音ㄎㄚ）手將如之何？亦曰：人以手來，我以手引之使進，令其不得勢擊，是之謂「走」。走者，「引」之別名。何以既名「引」，又名「走」？引者，誘之使進；走者，人來我去，不與頂勢，是之謂「走」。然走之中，自帶引進之勁（勁純者引之使進，不敢不進；進則我順人背，而擒縱在我）。此是拳中妙訣，非功久不能也！

註：上述「三十六病」文中有單字二十五目。即：

抽、拔、遮、架、斬；

摟、摺、搓、掛、離；

撥、推、排、擋、挺；

霸、騰、拏、直、實；

鉤、挑、掤、抵、滾。

雙字十目。即：

搕打、猛撞、躲閃、侵凌、欺壓、閃賺、艱澀、生硬、偷打、心攤。

四字一目。即：根頭棍子。

吳式太極拳散手

八法散手

　　吳式太極拳的防身制敵方法很多，歸結起來不外乎「點、打、拿、發、摔、卸」六種。

　　點就是點對方的穴位，打就是打擊對方的要害部位，拿就是擒拿對方的反關節，發就是把對方投擲發放出去，摔就是把對方摔倒在地，卸就是使對方的關節脫臼。

　　這六種制敵方法，如何有效使用，除了平時要一招一式地反覆磨練以外，還必須經常與不同的人進行實戰練習；同時還要認真遵循、研究、體悟「十字要訣」，才能使技藝很快上身，才能不斷提高技藝水準。

　　「十字要訣」就是「中、鬆、旋、空、合、沉、穩、活、靈、暢」。這十字要訣既是吳式太極拳的演練特點，也是防身抗暴時必須注意的事項。

　　下面，我們先來說說「十字要訣」，然後再對六種制敵方法中的前五種一一進行解說。

　　中：太極拳無論是演練還是在實戰時，其招招式式都要強調中正安舒，重心垂直在一條腿上，不偏不倚。

鬆：太極拳無論是演練還是在實戰時，其招招式式都要強調周身骨節斷開，精神放鬆不緊張，臟腑放鬆不努氣，肌肉放鬆不用力。

旋：太極拳無論是演練還是在實戰時，其招招式式都要強調強化、體悟關節的圓運動，隨曲就伸，毫無滯點。

空：太極拳無論是演練還是在實戰黏時，其招招都要強調排除一切雜念，完全順其自然，毫不勉強，用意不用力。

合：太極拳無論是演練還是在實戰黏時，其招招式式都要強調強化內外三合，即手與足合、肘與膝合、肩與胯合的外三合和心與意合、意與氣合、氣與力合的內三合，要處處順其勢，合其力。

沉：太極拳無論是演練還是在實戰黏時，其招招都要強調時時著意丹田，做到上虛下實，上如行雲，下如流水，氣不上浮，血不上湧。

穩：太極拳無論是演練還是在實戰黏時，其招招都要強調每一移動都要先穩定好重心，做到以心行意，以意導氣，以氣運身，以身助神，以神領形，高低起伏，身不能搖晃，頭不能歪斜，始終保持水平運動。

活：太極拳無論是演練還是在實戰黏時，其招招都要強調周身內外如大地回春，生機盎然，心曠神怡，充滿活力。

靈：太極拳無論是演練還是在實戰黏時，其招招都要強調周身要像一台安著萬向輪的機器，不管怎樣運動，都能做到無往不利，像一把珍珠落在玉盤之中，毫不受力。

暢：太極拳無論是在演練還是在實戰黏時，其招招都要強調動靜虛實，屈伸開合，時時都要用意想到氣血周流暢達四梢（血梢頭髮，筋梢指甲，骨梢牙齒，肉梢舌頭）。神意氣勢要大無垠，小無形，要超其象外，天人合一。

下面我們來說說「點、打、拿、發、摔、卸」六種制敵方法的前五種，每種選出兩個招式，進行練和用的介紹。至於第六種，我們暫且不談。

第一節　點法

弓步按掌點翳風

弓步按掌是吳式太極拳手揮琵琶式中的一個過渡動作，是專門用來點對方翳風穴的。翳風穴屬於手少陽三焦經，位於耳後乳突前下方之凹陷中，為手足少陽之交會穴。因此處神經豐富敏感，關聯頭腦，且距耳後動脈較近，若突然受到重「點」，可產生劇痛，頭暈，目脹，不能自控，失去自我平衡的能力。

練法

1. **預備式。**兩足平行自然站立，與肩同寬，周身骨節放鬆，兩臂自然下垂，兩掌心貼近兩大腿外側，氣沉丹田，下頷微收，舌抵上齶，頭頂項豎，目平視遠方。（圖9-1）

2. **左抱七星。**意想「會陰穴」（二陰中間）向右下方移，使尾骶骨與右足跟上下對正，鼻子尖與右足大趾上下

圖 9-1　　　　　　圖 9-2　　　　　　圖 9-3

對正。然後再鬆左肩找右胯，使左掌邊外旋邊向左腳前上
方抬起；同時右掌坐腕向右後方沉墜——到左掌心朝向後
方、大拇指肚與鼻尖前後對正時，左腳前移，足跟著地，
足尖翹起，成坐步式。同時右掌自動向胸前移動，至中指
指尖貼近左臂彎處為止，掌心朝前下方。鬆左肩墜左肘，
重心在右腿，意在右肩。兩眼順左掌大指上方向遠平視。
（圖 9-2）

　　3. **左掌平按**。上體半面右轉，左膝前弓，重心左移。
同時，右掌翻轉朝上，想像向左足下插伸。上體再微微左
轉，左掌臂內旋，橫於胸前，使手心向下成抱球狀。目視
左掌。（圖 9-3）

　　4. **驟點翳風**。上動不停，右掌突然反掌向右前方伸
展，力透中指，左掌亦同時向左後沉帶，意在左手。（圖
9-4）

圖 9-4

圖 9-5

用法

1. 設對方以右手向我擊來，我速重心右移，屈膝坐胯，穩定重心；同時以左肘輕沾貼其右肘，右手腕輕沾其右腕，把對方肘臂拿直，使其不能移動。（圖 9-5）

2. 在對方右臂受控不得力欲行擺脫時，我復左臂內旋向下翻壓對方右臂；同時重心移於左腿，左腿前弓，成左弓步。（圖 9-6）

圖 9-6

3. 在對方左臂受壓欲行抽逃時，我右臂隨之外旋，擊敵下頜。（圖9-7）

4. 如對方撐頸躲避，我速以右手內旋反點其右耳側的翳風穴。（圖9-8）

以上點翳風穴招式可左右換方向反覆練習，直至純熟。

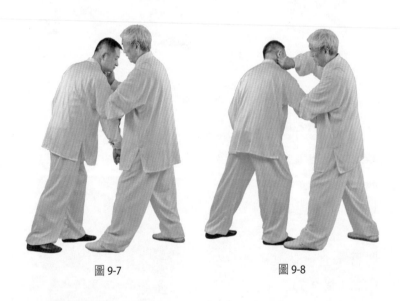

圖9-7　　　　　　　　　　　圖9-8

展臂飛腳踢章門

展臂飛腳是吳式太極拳中的左右分腳之招式，其技擊含義是用足尖踢點對方的章門穴。

章門穴屬足厥陰肝經，係足太陰、厥陰之交會點，肝之募穴，臟會章門，位置在第一游肋前端，屈肘合腋時正

當肘尖處，此穴內有第一肋間動靜脈，稍下方為第一肋間神經，接近肝脾。

驟擊此穴，會衝擊肝臟和脾臟，破壞橫膈膜，阻氣傷血，嚴重者立刻斃命，屬於致命穴位。

練法

1. **左弓步雙掌交叉。**

由預備式，左足向左前方上步，屈膝前弓，重心左移。兩掌於胸前交叉，右掌在外，左掌在內，鼻子尖與膝蓋尖、左大趾尖上下垂直。（圖 9-9）

2. **提膝兩臂高舉。**

由上式，左膝直立，右膝上提。兩掌交叉上舉，眼神順右腋下向右前方看。（圖 9-10、圖 9-11）

圖 9-9　　　　　圖 9-10　　　　　圖 9-11

圖 9-12

3. **展臂飛踢**。由上式，兩臂從頭前上方向兩側分展，掌心向內，兩掌成臥立掌。以左掌指端催動右足尖向右掌下方水平踢點，腳面蹦直，足大趾儘量外旋，足心儘量向內，力貫足尖，著意左掌中指。目視右足尖。（圖 9-12）

用法

1. 設對方以右手向我擊來，我速上左足，屈膝前弓，兩臂於胸前交叉，架住對方右臂，使對方進攻之手落空。（圖 9-13）

2. 對方在進攻落空，欲抬手變招再擊時，我速提膝展臂起腳踢點對方右肋下之章門穴，對方必被踢傷或仰倒。（圖 9-14、圖 9-15）

展臂飛腳踢章門（穴）一式可以左右換方向反覆練習，直至純熟。

圖 9-13

圖 9-14　　　　　　　　圖 9-15

🚶 第二節　打法

弓步折肘打胸肋

胸肋為臟腑屏障，但本身防護的肌肉層較薄，且神經豐富，受到擊打，輕者疼痛憋氣，失去抵抗能力；重者骨折傷及內臟出血，危及性命。

練法

1. **左掌前伸。**由預備式，重心右移，左掌前伸成臥立掌。目視左掌。（圖 9-16）

2. **右弓步折肘。**上右步，屈膝前弓成右弓步。同時，右掌向前悠伸，復折

圖 9-16

肘找右肩，左掌指指於右臂彎曲處。目
視肘尖方向。（圖 9-17）

用法

1. 設對方以右手向我胸部擊來，我
速重心右移，伸左掌於對方右臂內側向
前虛穿，使對方右手落空，胸部受到威
脅。（圖 9-18）

2. 對方右手進擊落空，並受到我之
左掌威脅，必縮身後撤，我速乘勢進右
足，屈膝成右弓步，右臂同時折右肘，

圖 9-17

以肘尖頂擊對方胸肋，出其不意，使對方受到重傷或翻
跌。（圖 9-19）

弓步折肘打胸肋一式可左右換方向反覆練習，直至純
熟。

圖 9-18

圖 9-19

肘底看捶擊下頜

下頜乃人體要害部位，受到重擊會傷及頸椎，可以致殘致死，一般不可重擊或驟擊。

練法

1. **左抱七星式**。由預備式，重心右移，上左步，左足跟著地，足尖上翹。同時，左掌外旋，由右向左移至胸前，手心向內，大指對準鼻子尖，鬆肩墜肘，右掌同時上抬至中指貼近左臂彎。（圖 9-20）

2. **弓步後捋**。左掌內旋變掌心向下，上體左轉後捋，右掌隨轉體之勢向前下伸按，掌心向下，掌指向左，身向前傾，兩手向後捋，成左弓步式。（圖 9-21）

3. **左拳上衝**。身體後坐，重心移於右腿，左足尖翹起，成右坐步式。同時，左手握拳，臂外旋，沉肩墜肘於胸前向前上衝擊，拳心向內，中指對鼻尖，拳面與下頜平；右手握拳，拳眼置於左肘下方。（圖 9-22）

圖 9-20　　　　　　圖 9-21　　　　　　圖 9-22

用法

1. 設對方左手向我擊來，我速重心右移，出左手輕沾其左腕外側，右手亦同時移至左肘外側，使對方進攻之手落空。（圖 9-23）

2. 在對方進擊之左手落空不穩時，我突然俯身抓抌對方左手腕向左胯後側抌帶，右掌於對方大臂之上下按助抌。（圖 9-24）

圖 9-23

3. 在對方被抌前傾，向後用力反拉時，我左手突然鬆手握拳，向斜上方衝擊對方下頜，右手置於左肘下，握拳，拳眼對著左肘尖，收腹翹腳以助左拳之力。（圖 9-25）

圖 9-24

圖 9-25

肘底看捶擊下頜一式可左右換方向反覆練習，直至純熟。

第三節　拿法

左右雲手拿肩臂

太極拳之雲手，包含著兩種技擊方法，一是擊面，一是拿肩；擊面是假，拿肩是真。

練法

1. **左掌上提。**由預備式，左足向左橫移。同時左掌上移至胸前，掌心向內，掌指與眉齊，鬆肩墜肘，大指對鼻尖。目視左前上方。（圖 9-26）

2. **左掌外旋。**上動不停，左轉身，左掌外旋，向左雲轉至掌心向外，右掌沿膝前隨雲至左膝外側。（圖 9-27）

圖 9-26

圖 9-27

3. **左掌平按**。上動不停，起身左掌下按，右掌隨勢外旋上提至胸前，掌指向上，掌心向內。同時右足向左足靠攏。（圖 9-28）

4. **右掌上提**。上動不停，右掌上提使掌心向內，上提右轉，右掌內旋隨轉至右後方，左掌隨動。（圖 9-29）

5. **右掌平按**。上動不停，再移左足。右掌平按，左掌上雲。左右重複練習。（圖 9-30）

圖 9-28　　　　　　圖 9-29　　　　　　圖 9-30

用法

1. 設對方以右手向我正面擊來，我上右步，左手按其腕，右手向對方右腋下穿伸。（圖 9-31）

2. 隨即上體右轉，右掌內旋向上，與左掌上下相沖，拿其右臂。（圖 9-32）

3. 上動不停，上體繼續右轉，右掌繼續外旋沿其臂之內側用掌心反手虛擊其面，使對方肩關節受傷或應手跌翻。（圖 9-33、圖 9-34）

圖 9-31

圖 9-32

圖 9-33

圖 9-34

旋腕抱球拿肩肘

吳式太極拳的旋手腕和抱球式全是拿法，其起落和過程均可形成拿式。現隨意選取右旋腕式（攬雀尾第七動之右手後掤）和左抱球式（攬雀尾第六動右掌前掤之過渡動作）相結合所形成的擒拿肩肘之法介紹如下。

練法

1. **右進右提**。由預備式，上右足。同時，右掌上提，左掌前移，兩掌虛和成抱球狀。（圖 9-35）

2. **立肘外旋**。上動不停，重心前移，上體左轉，成右坐步式。右臂同時立肘外旋，掌心向上，掌指向後，左掌隨移至右胸前。（圖 9-36）

3. **兩掌合抱**。上動不停，重心左移成左弓步。右掌同時向胸前外旋上托，掌指向前，掌心向上，置於左腋下；左掌亦同時內旋上提至左肩前，掌心向下，兩掌上下相合。（圖 9-37）

圖 9-35　　　　　圖 9-36　　　　　圖 9-37

用法

1. 設對方以右手摑拿我之右手指，我則順勢鬆右肩墜右肘，仰掌，進腕，與其右腕相合，以化其力。（圖 9-38）

2. 上動不停，右掌立肘外旋，使對方失重前傾。（圖 9-39）

3. 上動不停，我之右掌向對方肘下旋轉，同時左掌順勢向上貼扶對方右肘，兩掌上下

圖 9-38

相合，使對方腕、肘、肩均被拿死，疼痛難忍，失去抵抗。（圖 9-40）

圖 9-39

圖 9-40

🚶 第四節　發法

吳式太極拳發法很多，比如左右抱七星式、左右打虎式、挽弓射虎式等，下面簡單介紹兩式發法。

左抱七星翻手發

練法

1. **左抱七星**。由預備式，重心右移，左腳前邁，足跟著地，足尖上翹。左右掌同時外旋，左掌沉肩墜肘前伸，掌心斜向上，拇指指肚與鼻尖前後對正；右掌置左肘內側，掌心向內，大指與心口窩相對。目視左掌食指。（圖9-41）

2. **弓步上掤**。左膝前弓成左弓步。左右掌同時內旋，翻掌前推，左掌在上，大指指甲蓋與鼻尖相對；右掌在

圖 9-41

圖 9-42

後，置於左掌內側。上虛下實，鬆腰坐胯。右腿向後舒伸，鼻尖、右膝蓋尖、右腳尖上下垂直。目順左手食指方向前視。（圖 9-42）

用法

1. 設對方用右手向我正面擊來，我速重心右移，左腳前邁，足跟著地，足尖翹起；同時用左肘內側輕沾對方右肘外側，右手用腕部輕沾對方右腕內側，使對方右臂被拿，不能彎曲。（圖 9-43）

2. 上動不停，對方右臂擊我落空，且被拿不利，欲行調整之機，我突然翻掌，左膝前弓，左掌虛擊其面，右掌於肘下向前擁推，以場勢逼敵後仰、翻跌。意在命門穴找左環跳穴。（圖 9-44）

左抱七星翻手發一式可左右換方向反覆練習，直至純熟。

圖 9-43　　　　　　　　　圖 9-44

左右打虎擰身發

練法

1. **弓步前伸**。由預備式，右足向右前方邁出一大步，屈膝前弓。兩手同時向右前上方伸夠，右掌在前，左掌在後，兩掌心均向前下方。（圖 9-45）

2. **回身打虎**。上動不停，回頭向左後方看，兩拳向左後平移，追眼神。同時右足內扣，重心移於右足，成左虛步。（圖 9-46）

圖 9-45　　　　　　　　圖 9-46

用法

1. 設對方從我身後進擊，我速上右步，兩掌前伸，使對方進攻落空。（圖 9-47）

2. 上動不停，在對方擊我不中，前傾失中未穩之際，我速擰身回頭，以雙拳向左後方回擊，對方會被我之離心

圖 9-47　　　　　　　　　　　　　圖 9-48

力摔出翻倒。（圖 9-48）

　　左右打虎撐身發一式可左右換方向反覆練習，直至純熟。

🏃 第五節　摔法

　　吳式太極拳的摔法也很多，比如野馬分鬃、斜飛式、翻身撇身捶、披身踢腳、玉女穿梭、單鞭、上步七星、退步跨虎、抱虎歸山等，下面擇兩式摔法予以介紹。

野馬分鬃靠身摔

練法

　　1. **左掌下採**。由預備式，重心右移，屈膝下蹲。左掌向右膝外側插伸，右掌上托，左推至左耳外側。（圖 9-49）

　　2. **左足前邁**。左足前邁，足跟著地，足尖翹起。目視

正前方。（圖 9-50）

3. **左肩打靠**。左腿前弓，重心移於左足，後腿舒伸，成左弓步。同時兩臂左上右下分展，右掌心對準右踝骨。回頭看右掌中指方向。（圖 9-51）

圖 9-49　　　　　圖 9-50　　　　　圖 9-51

用法

1. 設對方以左掌擊我面部，我速蹲身，左掌向右膝外側插伸，右掌自然向上輕托對方左肘，隨勢向左推至左耳外側，使對方的進擊落空。（圖 9-52）

2. 同時上左足，鎖住對方雙腳。（圖 9-53）

3. 上動不停，鬆右肩開右

圖 9-52

圖 9-53　　　　　　　　　　圖 9-54

胯，沉右肘，左腿屈膝前弓，左肩向前貼住對方左腋下，隨即兩臂分展，眼看右後方，右手追眼神，使對方跌出。（圖 9-54）

　　野馬分鬃靠身摔一式可左右換方向反覆練習，直至純熟。

拗步斜飛進步摔

練法

　　1. **左掌斜掤**。由預備式，重心左移，上右步成右弓步式。同時，兩臂內旋，分別向左前上、右後下分展，成斜飛狀。（圖 9-55）

　　2. **左掌下捋**。由上動，左掌向下按到右膝外側，指尖向下，掌心向右；同時，右掌上抬向左推移至左耳外側。目視左前方。（圖 9-56）

圖 9-55　　　　　　　　　　圖 9-56

3.**左腳前伸**。上動不停，左膝鬆力向左前方伸出，足跟著地，重心在右足，成右坐步式。上體直立，目視左前方。（圖 9-57）

4.**左肩左靠**。上動不停，兩肘鬆力，右掌以小指引導，向右後下方鬆垂，左掌食指引導，向左上提伸。左足落平成左弓步，左手腕與左肩平，掌心斜向上，右掌向下虛採，掌心與足外踝上下相對。目視左掌食指方向。（圖 9-58）

圖 9-57　　　　　　　　　　圖 9-58

用法

1. 設對方以右掌擊我面部，我則速上右步，屈膝前弓，同時左臂內旋，以掌心沾截其右臂彎，右掌後撐，意想按地。（圖 9-59）

2. 對方打我左臉被截，復又以左手打我之右臉，我速以右掌向上向左托推其左肘至左耳外側，左掌下沉下壓，使對方左右兩掌的進擊均被化拿。（圖 9-60、圖 9-61）

圖 9-59

圖 9-60

圖 9-61

3. 上動不停，左足前邁，鎖住對方後腿。（圖 9-62）

4. 上動不停，在對方手足均被我控制以後，速屈左膝前弓；左臂於對方左肩下向斜上方伸舉，右手向右後方伸展，對方必向後跌出。（圖 9-63）

拗步斜飛進步捋一式可左右換方向反覆練習，直至純熟。

圖 9-62   圖 9-63

下編

王培生推手與八法

第十一章

推手指要

第一節　什麼是太極拳推手

　　太極拳推手和盤架子是太極拳的兩個組成部分。盤架子為拳之體；推手為拳之用。學會了盤架子，還要學會推手，這才算是體用兼備。

　　「推手」又名搭手、擖手、打手、靠手或揉手，是太極拳和其他一些拳術中的一種特殊的訓練方法。其目的不是要以力來制服對方，甚至不是為了取勝，而是要鍛鍊和提高自身的感覺能力，這就是《太極拳論》中所說的「懂勁」。

　　太極拳術以懂勁為要訣。懂勁初步是使皮膚富於感覺力。此感覺力的鍛鍊方法，就在兩人的肘、腕、掌、指互相搭著循環推動之中，以皮膚與皮膚接觸、壓迫時的細微感覺，察知對方用力的方向大小、真假虛實及經過的方位等訊息，以便身體做出準確而迅速的反應。練習日久，神經系統的感覺就特別靈敏，並能黏走互助，對方稍微一

動，自己就會知道對方發勁的目的和可能的變化，這樣才算是懂勁。懂勁後愈練愈精。

由此可見，推手目的是鍛鍊提高感覺能力。感覺之用，猶如「間諜」，所謂知己知彼、百戰百勝，感覺即是知己知彼的工具。所以說推手的原理並不十分複雜。

盤架子主要是從練姿勢中鍛鍊身體的平衡，就是不論怎樣運動，也要始終保持身體重心的穩定。而推手則是在對方的推動逼迫下，仍不失掉自己的重心，相反，還要設法引動對方失去重心，這就比盤架子難了一步。在兩人推手時，要時時刻刻注意自己的重心平衡穩定，同時要想方設法破壞對方的重心，使之失去平衡。

過去說：「盤架子以求懂自己之勁；推手以懂他人之勁。」這話的意思是說，盤架子和推手都是要「懂勁」，達到知己知彼、百戰百勝的目的。

在實踐當中，無論練習推手或盤架子，都必須要守規矩，力求姿勢、手法正確。推手時兩腿的重心要分明，弓步要弓得夠度，坐步要坐得紮實。

身法和盤架子一樣，力求中正安舒不偏不倚；手法要認真鍛鍊，必須把掤、捋、擠、按、採、挒、肘、靠等每一手法練得準確、純熟。因此，對初學推手的人，只要求打輪（兩人合作，即甲掤乙捋，甲擠乙按地按照掤捋擠按四字推動）。過去推一次手，需要打幾百個輪或幾千個輪，甚至打上幾萬個輪（由甲捋手開始計算，再至捋手時算一輪），待熟練之後，才可以問勁。

推手時，視線的變動大體和練拳一樣隨手轉移，要這

樣按規矩把動作姿勢練得正確，沒有偏差，養成習慣。有了好的基礎，再進入高級階段就容易了。

🚶 第二節　練習推手時應注意的問題

練習太極拳推手時應注意的問題，概括起來說主要有三個，即循序漸進、不丟不頂和勿犯「雙重」。

這三個問題，除第一個外，後兩個都比較複雜，所涉及的具體問題也多。所以本書在一一指出這三個問題之後，還要對後兩個問題進行反覆深入的討論。這點請讀者朋友們加以注意。

練習推手時，第一個要注意的問題是**循序漸進**。這是個老生常談的問題。要知道，功夫不是一天練成的，千萬不能急於求成。推手有定步推手、活步推手、大捋、插肋、摺疊和老牛勁及爛採花（採浪花）等之分，其中定步推手是推手的基本功夫。所以學推手應先從定步推手學起，所謂定步就是不動步，主要是後面的腳不允許移動，移動就算輸招。

因此，在練習推手時，只要求放長身手互相推逼，在被逼時只許擴大「坐身」的勢子（即前腳虛步、後腳屈膝略蹲）以容納對方的推逼，然後順勢化開，不許用勁撥開。被逼得實在化不開時，才許有順勢退步。如果退半步夠了，只退半步，不許多退。在進退過程中始終不脫離與對方的接觸點。照這樣練久了，沾黏勁也就練出來了。有了相當功夫以後，再練摺疊法（加大腰腿的活動範圍）、

大捋等，進一步增大腰腿功夫。

要循序漸進，就不能過早地問勁。俗話說「熟能生巧」，推手更是如此。而要做到熟，就要靠功夫的積累，功夫到了，才會逐漸懂勁；而只有真正懂勁之後，才會利用技巧去以小勝大、以弱勝強、以柔克剛，做到所謂「四兩撥千斤」。

拳譜所謂「四兩撥千斤」之句，是指推手中能夠得到最高效率的打法。要做到「四兩撥千斤」，首先是要做到「**不丟不頂**」。這是我要說的第二個推手時要注意的問題。不丟的意思是不丟掉或者不離開，緊緊跟住對方。但是，在實際上要做到不是那麼簡單的。

這裏的「不丟」是用感覺去黏住對方的手臂，自己的手臂一面跟隨，一面微微送勁，驅使對方陷入不利或者不穩的形勢。這時，如覺對方沒有反抗之力（即覺重裏現輕）便可隨時將其發出；如覺對方的接觸點感到沉重發不動時，應及時將接觸點微微一鬆，使對方感到一空，隨即發之，可將其發出更遠。這是利用「不頂」之法，先把對方拿起來，然後再用「不丟」之法將對方發出去。

「不頂」二字，從字面上很好理解，似乎只要手上毫不用力，任憑對方擺佈就行了。但實際上並不完全是這樣，因為如果一味任憑對方擺佈，自己就將處於被動的地位。我們一定要明白，「不頂」是一種主動的行為，而非被動的遷就。在推手時，能夠接受對方的擺佈是需要的，但同時還須用感覺來偵察、瞭解對方動作的虛實變化，然後以自己的動作去適應它。

　　這就是說，「不頂」只是一種手段，只是一種謀略，而真正的目的是要克敵制勝。這才是「不頂」「捨己從人」的真諦。

　　推手時第三個要注意的問題是勿犯「雙重」之病。如遇到對方用力打來，立即還手抵抗，那就是違反了太極拳中最重要的也是最忌犯的「雙重」之病（雙重之病的具體講解在後面）。像這種見招打招、見式打式的攻防手法是屬於先天自然之本能，而太極拳是不採用這種手法的。

　　下面我就從太極拳的打法說起，圍繞「不丟不頂」和勿犯「雙重」這兩個原則，來談談太極拳推手時應該注意的問題。

　　太極拳推手所採取的手段是以「先化後打」，而且在打擊之前要造成「我順人背」的形勢，然後趁機追擊，用力不多即可取勝。這就是拳譜中所說的，「人剛我柔謂之走」。

　　在交手時，無論對方發出來的力是大是小，我們都要把它看作是「剛」，不和它對抗，而要以柔化為主，這就是「走」。所謂三十六計走為上策。

　　拳論中有「我順人背謂之黏」的話，意思是說，在自己想發招之前，首先要求自己「順」，即得機得勢；其次是使對手「背」，即彆扭，背著勁，不得機不得勢。

　　交手時，如果要使自己身體由難受變為舒服，就必須按照拳譜中所說「身有不得機不得勢處，必須於腰腿求之」的話去做。否則，便是捨近求遠。

　　這就是說，在推手時，當腰部感到難受不舒服，即背

著勁時，「動一動腿」就解決問題了；如感到腿上背著勁，彆扭、吃力、不舒服時，「動一動腰」也就解決問題了。若按這個要領去做，便會使難受變為舒服，也就是由「背」轉為「順」了。同時我們應該清楚，當本身感到得機得勢，身上特別舒服時，不用問，對方正處於不得勢，身上感到難受、彆扭、不舒服時，即背著勁。

「我順人背謂之黏」就是說，我順人即背，當我順的時候，也就是發招的時候。切記，發招時要刻不容緩，一緩機失，即前功盡棄。所謂「機不可失，時不再來」。因此，我們鍛鍊的不是在本能上加工，使它快而有力，而是在本能上加以抑制，即用意不用力，使它用得更為適當，更為有效。

所謂「不丟不頂」這兩種法則，在推手訓練進攻和防守中都占有重要地位。貫徹這一法則，可使進與退之間的聯繫，做到不即不離，轉換自如，甚至達到連綿不斷形成一體的境界。

不丟不頂的練習方法是兩人輪換做進攻或防守動作。比如對方只進一寸，我就給他一寸；進一尺，我就給他一尺（切記給時要走弧線）——絕不少給，也不多給。少給就犯了「頂」的毛病，多給則犯了「丟」的毛病。所以應掌握做得恰到好處。

然而，練習「不頂」時必須同時動腰坐身，不能只靠手上應付，手法與身法要配合協調一致。否則，手回身不回，反要給對方以捨手攻身的機會。

推手主要靠腰腿的功夫。鍛鍊腰腿除了注意基本功的

練習（如弓、馬、仆、虛、歇、坐等步法和身法的扭轉變換）之外，還應注意兩點，叫作先求開展，後求緊湊。

過去推手有閉住門戶和敞開門戶之說，認為防人進攻時應緊守門戶，但我認為也不完全如此。如果腰腿有功夫的話，就可以敞開門戶，誘敵深入。如果只是在縮小門戶上用功夫，而沒有開放門戶的素養，應用中，遇到門戶被人打開的情況，便會驚慌失措。

所以練功夫要先求開展，後求緊湊。這和學習書法是一個道理，欲要寫好小楷應先從大楷入手，等大楷寫得有相當功夫了，再寫小楷也就容易成功了。好的毛筆字，即便是蠅頭小楷，從它的全貌看來，也要和大楷一樣，要做到舒展大方，帶勁有神。小楷若能達到如此傳神之程度，往往是由於在大楷上曾用過相當的功夫。所以，不論寫字也好，練拳也好，推手也好，都要按照規矩循序漸進，要先求開展，後求緊湊。如果練慣了緊湊然後再去求開展那是比較困難的。

太極拳的推手功夫，要求先練開展的目的是為了能夠做到「上下相隨人難進」，並進而做到「沾連黏隨不丟頂」。這樣進行訓練，可以使得感覺更靈敏，耳目更加聰明，問勁所得更準，虛實更加分明。所謂感覺，身有所感，心有所覺，有感有覺是也。一切動靜皆為感，感則有應，所應復為感，所感復為應，二者互生不已。推手初步專在磨煉感覺，感覺靈敏則變化精微，所以無有窮盡。

所謂聽勁的聽，乃是權的意思。權者，分辨其虛實輕重，在推手即是偵察敵情。聽之於心非只耳也，行之於

氣，運之於手。所以說以心行意，以意導氣，以氣運身，聽而後發。聽勁要準確靈敏，隨其伸就其曲，乃能進退自如，都是以聽勁為依據的。

所謂問答，我有所問，彼有所答，一問一答則生動靜，既存動靜又分虛實。在推手時，以意探之，以勁問之，俟其答覆，再聽其虛實。若問而不答，則可進而擊之。若有所問，則須聽其動靜之緩急及進退之方向，始能辨別出對方真正的虛實變化，須由問答而得之。

所謂虛實，猶如將帥交鋒之用兵。兵不厭詐，以計勝之。「計」就是指虛實變化多端的意思。拳術開始，姿勢動作、用意運勁各有虛實，要做到知虛實而善利用。所謂虛實，又有真假，有時是似虛而實，似實而虛，所謂虛虛實實是也。對此，不可不知，不可不辨。交手時，我們要以實擊虛，擊虛避實，指上打下，聲東擊西。或先重而後輕，或先輕而後重，隱顯無常，沉浮不定，使敵不知我的虛實，而我卻處處打敵之虛實。此所謂，人不知我，我獨知人。彼實則避之，彼虛則擊之，隨機應變。聽其勁，觀其動，得其機，攻其勢。須知，虛實宜分清楚，一處自有一處的虛實，處處總此一虛實。瞭解了這些道理之後，再默識揣摩，才能漸至從心所欲。

另外還應該知道「量敵」之法。以己之長當人之短謂之得計，以己之短當人之長謂之失計，而取勝之法就在得失之間。所以說「量敵」是最關鍵的問題。

太極拳之所謂問答即問其動靜，目的是聽其動之方向與重心，即偵察敵情之意。所謂量敵，即在彼我尚未進行

攻擊之前，應以靜待動，毫無成見，做到彼不動我不動、彼微動我先動。關鍵在於彼我相交，一動之間，即知其虛實而應付之。但是，千萬注意不要犯雙重之病。

所謂雙重，就是虛實不分的意思。雙重有單方與雙方之分，有兩手與兩腳之分。《太極拳論》說：「偏沉則隨，雙重則滯。」又說：「每見數年純功不能運化者，率皆自為人制，雙重之病未悟耳。」所以說，雙重之病是很難自悟自覺的，除非懂得了虛實變化的道理之後，才能避免雙重之病。反之，則易為人所制。

雙重之病，在太極拳中最忌犯，假如對這點沒有充分的認識和瞭解，絕不會練到高深的程度。許多人練了很長時間沒有進步或不能運化，都是由於犯了雙重之病的緣故。

兩腳不分虛實，同時用力著地，使身體的重量分佈於兩腳之上，即是雙重。反之，若兩腳同樣用力，但全身的重量卻完全集中於一腳之上，而另一腳的用力和軀幹的用力相平衡，則不是雙重。這是一般對於雙重的解釋。

不過，一些學練太極拳的人對於非雙重的姿勢，卻很糊塗。他們以為虛腳永遠無需用力，用力便是雙重。殊不知有時虛腳用力，身體的重心才能達到穩定。不過虛腳的力量要用在空處，不可使它著地（指的是趁勁）。假如虛腳用力地擱置地上，則身體必成散亂之象，重心也必致偏倚。所以說，「虛非全然無力，實非全然站煞」，內中要貫注精神，即上提之意。

學者對於這一點如不能認識清楚，即使避免了雙重之

病，卻難免又犯偏沉之病，顧此而失彼。

　　根據此理，雙重之病好像不難理解，怎麼花費多年工夫尚未能領悟呢？原來以上是簡單的說法。其實雙重是一種現象，並不是固定的形態。主要是要使全身任何部分在任何時間不發生呆滯的現象，也就是要保持高度的靈活性。尤其在推手時，之所以會被人打擊，其原因都是由於犯了雙重之病。否則，絕不會被人擊打著。

　　所謂不犯雙重之病，也就是使身體任何一部分都能很迅速地、連續不斷地變換虛實。如果實的部位在某一時間要發生動搖的時候，要用意識立刻使它變虛，反之也一樣。總之，不使它有固定形態的時候。

　　拳論所謂「左重則左虛，右重則右杳」，也就是指這種變化，即虛實變化不息的意思。至於不要犯雙重之病，可以由大到小去練。練到精深時，每寸地方都能夠做到不犯雙重之病，以至一指之微，一發之細都能夠做到不犯雙重之病。不過，這樣練法，初學者是一時無從領悟的。不要操之過急，起初還是應該在形式上去琢磨體會，由淺入深地練習，這樣自有成功的一天。

　　初學太極拳或推手時，轉圈的幅度要大，練習日久後，轉圈要逐漸縮小。圓形動作是達到和諧與聯貫的必要前提，練到成熟後，逐漸達到「得心應手，心身相應」的境界，就能夠一動無有不動，一圈無有不圈（外形有手圈、肘圈、肩圈、胸圈、胯圈、膝圈、足圈；體內有內臟做輕微的旋轉、按摩，暢通經脈、循環系統，內外、上下、左右自然柔和地同時協調動作）。

可以說，太極拳練起來「全身都是圈」「全身處處是太極」「精已極，極小亦圈」。這是由大圈練至小圈練至無圈；由開展漸至緊湊；由有形歸於無跡的最高級的技術成就。由極小的圈練到外形上看不出有圈，是指有圈的意思而沒有圈的形式，這樣的境界是只有功夫極深時才能做到。功夫越深者，身體各部位的轉圈便越小、越細緻、越正確協調，達到所謂「緊小脫化」的境界。

轉圈不論大圈、小圈、無圈（看不出有圈的形式），都由內勁做主導。內勁是經由長期鍛鍊，用意識貫注而逐漸形成的「似鬆非鬆、不剛不柔、亦剛亦柔，似鋼非鋼、似柔非柔、剛柔相濟」的極為沉重而又極為虛靈的一種內勁。功夫下得越深、內勁的質量也就越高。

內勁發源於腹部（丹田）。丹田勁如以十分計算，用意將達六分，往上行分達兩肩，纏繞運轉至膊、肘、腕、掌，透達於兩手指尖，先小指，依次至無名指、中指、食指、拇指。將四分勁往下運行，經胯分達兩腿，纏繞運至膝、足，透達於兩足趾，先小趾依次至拇趾。這是隨著動作的開展、引申、呼氣而運轉纏繞到四肢（兩手指尖兩足尖）的，是由內而外的順旋，叫作進旋勁。等到內勁貫到九分、神氣貫到十分，姿勢似停止的時候，開展的動作轉化為合聚，引申的動作轉化為回縮，呼氣將盡轉化為緩緩吸氣，這時內勁之上下運行到四梢後，復由原路線纏繞返回至腹部（歸原）。這是由外而內的逆旋，叫作退旋勁。這種運勁的方式方法，叫作「飛身法」。

太極拳在練習時必須緩慢、不能快速的原因，就是因

為要追求「行氣如九曲珠無微不至，運勁如百煉鋼無堅不摧」的效果。開頭用快速練法，必然處處走入油滑，做不到處處恰到好處。只有慢練的功夫到一定程度後才能開始由慢到快，快後復慢，既能慢到十分，又能快到十分。如此反覆鍛鍊，便能極虛極靈，又能極輕極重，快慢隨心所欲。這種內勁的質量是無限的，內勁越是充沛沉重，越能顯出輕靈的作用，加強忽隱忽現的效果。

在練習太極拳和推手時必須注意「不要使用無謂的力」。不要用力，每個初學太極拳的人常會聽到這樣的告誡。的確，太極拳真是柔軟溫和的拳術，即使沒有親自去試驗，就是旁觀者看來也會覺得好像是一點兒沒有使勁。但是肢體的動作是絕對不要用力嗎？不用力是否將會失去拳術的功用？只要稍加思索，人們一定會發生這樣的疑問。

實際上我們知道，除了睡眠的時候，一切行動是不能不用力來維持的。就以平常的步行來說，假使兩腿不用力交互運動，身體便不能前進，這是極明顯的事實。何況拳術是全身運動的一種，施演時怎麼能不用力呢？

退一步說，即使能夠做到不用力的程度，那麼，肌體和肌肉完全鬆弛、靜止下來，這樣還能發揮拳術的功用嗎？所以「不要用力」這句話是有毛病的，而應該是「不用無謂的力」（即用不著的力量不要用它的意思）。太極拳看起來之所以柔軟溫和，只不過是動作緩慢所致，並不是不使力。

一般對於「不要用力」的作用的解釋是這樣的：人體

本身具有的力叫「拙力」，拙力也叫浮力，並不是真力（內勁）。拙力沒有什麼效用，非真力不能顯示太極拳的功能。拙力的存在會妨礙真力的產生，所以必須把拙力化盡，真力才會產生。

而「不要用力」便是化去拙力的有效方法。乃是「無謂的用力」，會造成力的散亂，而「不使用無謂的力」即拙力，能使體力集中，這種集中的力才是真力。所以，「不要用力」，說的就是用不著的力不要使用，這樣，人的體力才會集中於一點，發揮最大的作用。

如上所說，無謂的用力會造成體力的分散，從而降低了動作的效果。譬如我們把體力完全應用在兩腿，每小時可以步行 5 公里，而如果其中有了「無謂的用力」，那樣，便不可能有這樣的成績了。對於這一道理，一般人也許並不留意，因為，在平常的行動中，「無謂的用力」的弊害似乎並不明顯，但在拳術上卻大不相同了：

第一，增加體力的消耗量，身體容易疲勞，便不能維持長久的運動；

第二，因為體力的分散，使需要用力的部位發不出足夠的力，致使功能減低。所以避免「無謂的用力」是必要的。

克服「無謂的用力」的方法並不難，即在運動的時候，應該注意認清每一動作所必須用力的部分和不需要用力的部分，然後，注意後者，如察覺有用力的現象時，立刻以意識使它鬆弛。這樣注意時間長了，便不會有「無謂的用力」的現象，體力便會漸漸集中起來。

但由於一般人平時對此並不注意，「無謂的用力」已成習慣，明明只需用一雙手用力的動作，卻常常會出現全身用力的情況。初學的人對於應有的用力和「無謂的用力」往往很不容易分清。要做到「不使無謂的力」，必須在開始運動之前，進入一種全身鬆弛的狀態，除去軀幹稍許有一點支撐的力量外，其餘肢體都不許用力。

太極拳的開頭有個「預備勢」，它的作用是這樣的：在做了「預備勢」之後，再慢慢地運動全身，儘量鬆弛，這樣便會使該用力的地方自然就會有力產生，而不該用力的地方，由於全身鬆弛的緣故，「無謂的用力」的消耗也就減少了。經過細心的體會，用力與「無謂的用力」的分界就應該清楚了。

要注意「捨己從人」的原則。太極拳用以對敵的方法是「以靜制動，以逸待勞」，這就是說自己不作主張，處處總是聽從於對方，以對方的意見為意見。

初期我們可以這樣做，但不能始終這樣做。應本著拳論中所說「動急則急應，動緩則緩隨，雖變化萬端而理為一貫」的道理去做。這就是說，他有千變萬化，我有一定之規，以此作為應敵的法則。無論你用什麼辦法來引誘我，我總是有一個固定的目標，不會被你牽動，但應注意觀察對方向何方來去，即隨其方向以「不丟不頂」的方法應付，使他落空或跌出。相反，如自作主張，不知隨對方動作而動作，加以抵抗，這就是不能捨己從人，也就是犯了「雙重之病」，很容易導致失敗。所以，在練習推手時，這一點應多加注意。

🏃 第三節　太極拳推手對身法的要求

我們知道，打太極拳和演練太極拳推手都是強調不用力氣的，而是以鬆力、沉氣、用意為主，具有「輕、慢、圓、勻」四個特點。這些乃是太極拳初學階段基礎訓練的重點。

所有這些都要從身法著眼。因為身法乃是學習太極拳最基本和最主要的一個方面的要求。由於太極拳每一個式子都是由手法、步法、身法和眼神等的動作變化和協調配合而構成的，所以對於身法必須有嚴格的要求。只有如此，才能練出精湛的功夫。

太極拳的身法主要有九種，就是鬆肩、沉肘、含胸、拔背、裹襠、溜臀、鬆腰、抽胯、頂頭懸。

為什麼要鬆肩？

肩、肘、腕這三個部位有密切的連帶關係。肩關節若能鬆開的話，就可以把全身的力量集中到手上去。反之，肩不能鬆，則必僵硬，便會影響手法的靈敏性。這就是鬆肩的作用。

手法所要求的「有欲動之勢，無散漫之意」，主要強調的就是兩肩必須鬆開，不使絲毫之力。手勢本無一定，不管抬起、垂下、伸出、屈回總要有相應之意，何時意動何時手到，換句話說，就是得心應手。

鬆肩的練法，就是用意想像把肩部的肱骨頭向裏和肩

胛骨相貼緊，之後馬上離開再向下引長。

掌握鬆肩的方法，只要用意念想一下「肩井穴」就可以了。

為什麼要沉肘？

因為要把全身的力量運到手上去，故而不但要鬆肩，還必須沉肘。所謂「肩鬆氣到肘，肘沉氣到手，手心一空氣到指梢」就是這個意思，這也就是沉肘所起的作用。

沉肘練習之法，就是意想肘尖好似下沉到地面上，從而使手腕產生一種很活動的感覺。

掌握沉肘的方法，只要肘尖常有下墜之意，或用意一想「曲池穴」就成了。

為什麼要含胸？

含胸有兩種顯著的作用。第一是含胸可以使氣不上浮。換言之，為了能使氣向下沉，就必須含胸。第二是含胸動作對於兩腿的起落和進退，有著很大的輔助作用。拳諺說「腿之變化，運籌在胸」，說的就是含胸的作用。

含胸的練法，應注意胸部不要挺凸，也不可向內太凹陷，而是往下鬆，兩肩微向前一合就成了。

掌握含胸之法，只要意想兩乳，從乳頭往下沉氣至肚臍以下即可。

為什麼要拔背？

為了避免脊柱鬆弛過度和產生低頭彎腰等現象，要用

拔背來控制。此外，拔背在技擊時，還起著發力的作用。

拔背的練法是，意想兩肩正中間之脊椎骨（即大椎），有鼓起的意思就行了。但不可有意識地向上抽拔，以兩肩保持靈活，不可低頭為要。

掌握拔背的方法，只要意想脊背的高骨（即大椎）處，約有 10 平方公分的面積和貼身的衣服相接觸就成了。

為什麼要裹襠？

能做到裹襠，便會使身體的動作特別輕靈活潑，做此動作，可以使肛門的括約肌收縮，能起到氣沉而不散的作用。

裹襠的練法是，心意不能想襠，若著意想襠，則襠不圓。所以練此動作時，只要注意兩膝著力有內向的意思，兩腿如一腿，能分虛實就成了。

掌握裹襠的方法，主要在於同側的膝蓋尖要與腳尖始終保持成上下垂直線，永不變形就可以了。

為什麼要溜臀？

溜臀可以使尾閭中正，身體端正安舒，並且能提起精神。這就是溜臀的作用。

溜臀的練法是，注意兩肋稍微收斂一下，取下收前合之勢，內中感覺鬆快。同時兩腿的股四頭肌用力，臀部前送脊骨根向前托起小腹就成功。

掌握溜臀的方法，只要注意收臀不凸臀就行了。

為什麼要鬆腰？

鬆腰可以使重心下移，達到平衡穩定，這是它的主要作用。技擊時用的化、發勁，鬆腰起的作用也是很大的。

鬆腰的練法很簡單，只要注意收小腹，腹部自然向下松垂，重心穩定即可。

掌握鬆腰的方法是，要想鬆腰時，不要想腰，只將腹部略微一收就行了。

為什麼要抽胯？

要使步法不亂而有規律地進退，需要抽胯。這也就是抽胯的作用。

抽胯的練習，要注意邁左步時左胯微向後抽，同時右胯微向前挺。反之亦然。這樣可使步子的大小一致。

掌握此法，注意兩肩與兩胯保持上下對正就行了。

為什麼要頂頭懸？

頭部為人的一身之綱領，俗話說，「人無頭不走，鳥無翅不飛」。拳論中說：「精神能提得起，則無遲重之虞」「尾閭中正神貫頂，滿身輕利頂頭懸。」由此可見，頂頭懸在身法中甚為重要。

對它的練法有許多說法，但其中一些說法並無多大用處。如有的認為頭頂好似懸在上空；有的認為在頭上頂著一物；有的認為頭頸正直，不低不仰，神貫於頂，提挈全身。我認為尾閭中正與頂頭懸的關係最為密切。所以練拳

要先求尾閭中正，即將脊骨根對正臉的中間，隨之收一下小腹，然後兩眼向前平視；同時，下頜微向內收，保持喉頭永不顯露出來就成了。這就是頂頭懸的練法。

掌握此法，主要在於眼神向前平視和喉頭不要拋露，如此即告成功。

由此可見，練拳時眼神特別重要。但眼神之重要，絕非只體現在頂頭懸一種身法中，而是體現在鬆肩、沉肘……所有九種身法之中。

練拳時要神聚於眼（宜內斂不可外露）。眼是心之苗，意從心中生。我意欲向何處，則眼神直射何處，周身也直對何處，一轉眼則周身全轉。視靜猶動，視動猶靜，總須從神聚中來。

總之，各種身法必須一一求對，結合起來，若一處不合，全身都乖。所以身法是永不許錯的，雖千變萬化，總難越出此身法。

太極拳之步法，主要強調要虛實分清。虛非全然無力，內中要有騰挪，必須精神貫注。騰挪謂之虛，虛中有實；精神貫注謂之實，實中有虛。虛虛實實、實實虛虛即是這個意思。

另外，太極拳有摺疊之術，有轉換之法。

所謂摺疊之術，是指上肢手法一來一往的意思，是對應的，有上即有下，有前即有後，有左即有右。如意要向上即寓下意，意要向下即寓上意，前後左右皆如此。又如長山之蛇，擊其首則尾應，擊其尾則首應，擊其當中則首尾俱應。這就是摺疊之術。

　　所謂轉換之法，是指手與足不僅要上下配合虛實變化，而且手足的進退必須注意虛實的轉換。

　　拳譜中說「意氣須換得靈，乃有圓活之趣。所謂變換虛實須留意——虛實宜分清楚，一處自有一虛實，處處總此一虛實。」由此可知，太極拳的所有動作都必須分清虛實，動作能分清虛實轉換，就可耐久不疲，這是一種最經濟的體力活動。因此，練太極拳時雙手要有虛實，雙足也要有虛實。尤其重要的是左手和左足、右手和右足上下相隨地分清虛實。也就是說左手實則左足應虛，右手虛則右足應實。這是調節內勁使之保持中正的中心環節。

　　此外，形成落點的虛中要有實，實中要有虛。總之，處處總有此一虛一實，使內勁處處達到中正不偏。初學時可以大虛大實，然後再往小處練，直至練到裏邊的虛實變化從外面不容易看出來，也就是不形於外的境界。這需要下相當工夫才能練出來。

　　虛實變換的核心在於意氣的轉換，但要換得靈敏。同時要在「中土不離位」即重心始終要保持平穩的情況下，才能使虛實轉換如意。所以要做到「立身中正安舒，才能支撐八面。立如秤準，活似車輪。上下一條線，全憑左右轉。尾閭中正神貫頂，精神能提得起，才能指揮進退，轉換自如」。由此可見，太極拳的健身和技擊方面所有重大效應，主要是依意、氣、神的運用而取得的。

　　所謂轉換之法還有一種解釋，是指「身隨步走，步隨身換」。命意源頭在腰間，向左轉換，左腰眼微向上抽，用右腰眼托起左腰眼，向右轉換，則反之。

🚶 第四節　太極拳基礎八要

太極拳以練拳為體，推手為用。在初學盤架子時，基礎至關重要。其姿勢務求正確，中正安舒；其動作必須緩和而輕靈、圓活。此是入門之徑，學者應循序漸進，由淺入深，如此，方不致枉費功夫。

入門八要

中

要求心氣平和，神清氣沉。其根在腳，重心繫於腰間。所謂命意源頭在腰隙。精神含斂於內，不表於外。這樣才能使身體一站即做到了中定沉靜的姿態。

正

要求姿勢端正。每一姿勢皆宜端端正正，不可偏斜。儘管有很多姿勢，或抑或俯或伸或屈，也非要做到中正不倚不可。因為在推手發勁和盤架子的虛實變換等方面，都要靠重心的中正平衡與否來定成敗。

由於重心為全身之樞紐，重心立則開合靈活自如，重心不立則開合失其主宰。所以說，對重心的掌握好與壞是最關鍵的問題。

安

安然之意，切忌牽強。於自然之中得其安適，才能使氣不滯，暢通全身。在練拳時姿勢安穩，動作均勻，呼吸平和，神氣鎮靜，才能有此效果。

舒

舒展之意。就是先求開展，後求緊湊。要求初學盤架子和推手時，在動作姿勢上必須認真做到開展適度，使全身關節節節舒展。但這不是有意識地用力伸張筋骨，而是自然地、徐徐地把骨節鬆開。

長時間這樣練到有了功夫，再把姿勢動作往縮小裏練，使人們看到也覺得是自然、靈活、沉著、開展、大方的。舒展骨節，可以練出彈性力。

輕

輕虛之意，然忌漂浮。在盤架子和推手當中，要求動作輕靈而和緩，收放自如。這樣練久了自然會出來一種又鬆又活的勁，同時還有一種沾黏的勁。打太極拳也好，推手也好，一開始都要從輕字上著手，才是入門之途徑。

靈

靈敏的意思。由輕虛而鬆沉，由鬆沉而沾黏，能沾黏即能連隨，而連隨後方能靈敏。如此方可悟得不丟不頂的道理，之後是愈練愈精了。

圓

圓滿之謂。每一姿勢、每一動作，都要求走圓而無缺陷，這樣才能完整一氣，避免凹凸、斷續之病。推手運用各勁非圓不靈，能圓則活，處處能圓則無往不勝。

活

靈活的意思。是指練拳者原有的本力，力大也好，力小也好，要求把這種本力練得靈活。所謂靈活，就是不要有笨重、遲滯的意思。

體用八要

意、氣、勁、神之四要，亦稱體之四要；發、拿、化、打為推手之四要，亦稱用之四要。如果在推手時「意、氣、勁、神」有一方面為對方所拿到的話，我方是必敗無疑的。所以，我們對於這些方面要多多練習，以能悟出其中之真諦。

意專

練拳、推手都要求心靜，因心不靜則意不專，一舉手前後左右全無定向，所以要心靜意專。起初舉動不能由己，要息心體認，隨人所動，隨曲就伸，不丟不頂，勿自伸縮。彼有力我亦有力，我力在先；彼無力我亦無力，我意仍在先。要刻刻留心，挨何處則心要用在何處，須向不丟不頂中討消息。此全是用意，不是用勁，久之則人為我制，我即不為人制了。

氣斂

氣勢散漫便無含蓄，身亦散亂。務使氣斂入脊骨，呼吸通靈，周身罔間。

吸為開為拿，呼為合為發。如果吸氣能夠很自然地提得起來，也能把人繫得起來的話，那麼，呼氣便會更自然地沉得下去，也可以把人放得出去了。這是以意運氣，而不是用笨拙的力氣拿起來、放出去的。

勁整

一身之勁練成一家，分清虛實。發勁要有根源，勁起腳跟，主於腰間，形於手指，發於脊背，又要提起全部精

神，於彼勁將出未出之際，我勁已接入彼勁，不後不先，如皮燃火，如泉湧出，前進後退，無絲毫散亂；曲中求直，蓄而後發，方能隨手奏效。這就是所說的借力打人、四兩撥千斤的意思。

神聚

神聚則一氣鼓盪，精神貫注。開合有致，虛實清楚，左虛右實，右虛左實。虛非全然無力，氣勢要騰挪；實非全然站煞，精神要貫注。緊要全在胸中腰間運化，不在外面。力從人借，氣由脊發。

何能氣由脊發？氣向下沉，由兩肩收於脊骨，注於腰間，此氣由上而下謂之合；由腰行於脊骨、佈於兩膊、施於手指，此氣由下而上謂之開。開便是吸，合即是放。能懂得開合，便知陰陽。到此地位，功用一日，技精一日，漸至從心所欲，也就是說再沒有不如意的地方了。

發勁

所謂發勁。是太極拳推手中的術語，它是根據「沾連黏隨、不丟不頂、無過不及、隨曲就伸」的原則，運用掤捋擠按採挒肘靠八種方法和勁別的靈敏性，探知對方勁力的大小、剛柔、虛實、遲速和動向，選擇合乎槓桿原理的接觸點為支點，運用彈性和摩擦力（力點）的牽引作用，發揮「引進落空」「乘勢借力」「四兩撥千斤」的技巧，掌握「動急則急應，動緩則緩隨」「彼不動、己不動，彼微動、己先動」的戰略戰術，牽動對方的重心，在時間和力點最為恰當的時機「以重擊輕、以實破虛」將勁發出去。這種發勁要「沉著鬆靜，專注一方」，由弧形而筆直

前去對準目標，又穩又準，乘勢將對方乾脆地發出去。

在發勁之前須有「引勁和拿勁」，用引勁可使對方先失去重心，然後用拿勁將對方拿住、拿穩，這時再用發勁才能順手，才能隨心所欲。

欲要引進落空、四兩撥千斤，先要知己知彼；欲要知己知彼，先要捨己從人；欲要捨己從人，先要得機得勢；欲要得機得勢，先要周身一家；欲要周身一家，先要沒有缺陷；欲要沒有缺陷，先要神氣鼓盪；欲要神氣鼓盪，先要提起精神；欲要提起精神，先要神不外散；欲要神不外散，先要氣斂入骨。兩股前節有力，兩肩鬆開，氣向下沉。勁起於腳跟，變換在腿，含蓄在胸，動勁在兩肩，主宰在腰。上於兩膊相繫，下於兩腳相隨，勁由內換。收便是開，放即是合。靜則俱靜，靜是合，合中寓開。動則俱動，動是開，開中寓合。觸之則旋轉自如無不得力，才能引進落空，四兩撥千斤。

拿勁

太極拳在用法上原有「截、拿、抓、閉」四法，兼施並用，乘勢活變。此四法，即截其氣、拿其脈、抓其盤（分筋挫骨）、閉其穴（穴道），現已不輕易傳授和使用，在推手運用拿法時只是點到而已。在發勁之前要有拿，在拿之前要有引。

拿勁要分時間和地位，即什麼時候才能拿，拿什麼地方合適或什麼地方能拿與不能拿，這些都是有分寸的，拿早了不成，晚了也不成。要在不早不晚、恰到好處之時才能拿，不拿則已，一拿便起，這才稱得上「用意不用力」

的巧拿之勁。究竟如何拿才算巧呢？

　　上面已經說過，在拿之前須先用引勁，意思是說先用引誘之法，使對方的重心落於兩腳之外，處於不穩或呆滯狀態，這時方好順其傾斜之勢施用拿勁。但拿的位置須用「管」法，就是說要把對方的關節管住。既管就要管死，管死拿之才省勁。否則，對方會跑掉，再拿就費事了。如果拿的時機和拿的位置都掌握好了，到管的時候沒管住還是不行，必須使拿的時機、位置、管好這三方面配合協調一致，拿時才能如願。

　　所謂拿即是管，管即拿，拿不起即管不住，管得住即拿得起。意思是說在管、拿之間的時候才是拿的良機，機不可失、時不再來，對這一點應加注意。

　　「管」的實際做法是，比如我以右手黏住對方的左手腕部，走螺旋勁前進，同時，用意一想對方的左肩部，即將其管住了。意念不可移動管得才嚴，意念一動就管不住了。如果想管對方的腰部，只要意念一想他的腰，其腰就被管住了，若想管肘就想肘，想管膝就想膝。至於「管住」了還是沒有「管住」，主要取決於「接觸點和意念」是否同時到達了你所想要到達的地點（即肩、肘、腰等處），即你的動作的準確程度如何了。

化勁

　　運化首在腰腿，次在胸，又次在手。因此說，「緊要全在胸中腰間運化」「有不得機不得勢處，身便散亂，身必偏倚，其病必於腰腿求之」。手的主要作用是在黏著點不要離開支撐面上，而作軸心運動的旋轉，可以圓轉自

如，從黏化中預知對方的虛實，能與其虛實的變化相適
應。此即是「摺疊之術、轉換之法、讓中不讓」的妙用。
能如此，方能不失我的機勢。

化勁既要求做到不使對手接觸我身，而己能控制對方
重心，又要求做到敢於使對手接近我身，且有辦法解脫。
欲達此目的，首先要求本身達到「手眼身法步」等方面的
起碼要求並掌握其要領。

譬如對整個手臂的要求：肩關節始終要鬆柔圓活而下
沉，肘關節要用意貫注始終下垂，手動無定向，能慢能
快，適合「動急則急應，動緩則緩隨」的要求。

須知「眼為心之苗」，意在領先，目光亦隨之變換，
身手步隨目光之動向而轉換。眼神在引、發勁中占重要地
位，如欲將人發遠，則眼遠視，發高則仰視，發低則俯
視。控制對方勁路以何手為主，則目光須視其處，目光絕
不可與動向有偏差。把人發出去之後，眼神仍須前注，要
有「一克如始戰」「勁斷意不斷」「神氣不令割斷」「放
勁如入木三分」的意思。另外，習武者向有「眼觀六路、
耳聽八方」之說，強調的是眼睛、耳朵（當然也包括觸覺
及其他感覺器官）對於上下、前後、左右幾方面都要照顧
到，不可只顧一面或幾面。

身法要求，必須「立身中正安舒，才能支撐八方。尾
閭中正神貫頂，滿身輕利頂頭懸」。意思是說，從下到上
或從上到下（即指頭頂百會穴與襠內會陰穴）要始終保持
垂直，上下連成一條線。

實際上是脊柱要節節鬆沉而又虛虛對準，腰部要鬆沉

直豎，要微微轉動，不可軟塌，不可搖擺，使身法在任何變換時保持中正，不偏不倚。脊柱骨節和胸背骨節鬆沉，而意往上翻（內勁由襠中上翻至背脊，謂之「氣貼背」「力由脊發」「主宰於腰」）。切忌前俯、後仰和左右歪斜。手腳前去時，腰部朝後微微一挺，同時要鬆胯提膝（只是用意一想）。

　　身法虛實的變換，關鍵在以腰脊命門穴為軸心的左右腰隙（兩腎）的抽換。腰隙向左抽則左實而右虛，腰隙向右抽則右實而左虛。兩腎抽換變化虛實，是全身總虛實的所在，也是「源動腰脊」「內動不令人知」的訣竅所在。

　　步法要求，動步要輕靈，兩腿要分虛實。其關鍵在兩胯關節的抽換。胯與腰隙的抽換相一致，也就是步法的變換要隨身法的變換而變換。欲邁左步，腰隙先向右抽落實，氣沉右腹側，右胯關節隨著內收而下沉，右足為實。欲邁右步則相反。步法又要手法相呼應，務使上下相隨和相吸相繫。手與足合，肘與膝合，肩與胯合的外三合必須注意，使上下完整不亂。動必進步，進必「套插」。套是前足管住對方前足外側，插是前足插於對方兩腿的中間。套封插逼，足進肩隨，大将大靠（適用採挒肘靠四勁）之法，都包括在裏面了。

　　推手時「意形要連不令斷」，將欲放勁，步須暗進，勝在進步，敗在退步；步法、手法和身法必須要配合協調一致。如進手不進身，身手進而不進步，不但黏封不成，發勁浮而不沉，不能連環發勁，同時也容易被對方牽動。所以當發勁時，身、手、步和眼神須俱到，並且要求鼻

尖、膝尖、足尖、手尖和眼神必須對準同一方向，這樣力量集中，效率大。

手、眼、身、步等的要求，也是化勁應具備的起碼的條件。其次，在化勁當中還要掌握和運用方式方法，如沾連黏隨、不丟不頂、隨曲就伸、捨己從人等，都是鍛鍊「懂勁」的方法。不懂得對方來的是什麼勁，自己也就不知用什麼方法去破他的勁，也就談不到「知己知彼，百戰百勝」了。所以用化勁還需懂勁。

推手時不僅雙手要沾連黏隨，身法、步法也要有沾連黏隨之意（即運用摺疊之術、轉換之法），不先不後，協同動作。這是動作上做到上下相隨、周身一家的表現。形要連、意要連，隨人之動而伸縮進退，真能做到用勁恰當，這才算是「黏勁」而沒犯「頂病」；用勁正好，不多不少，這才是「沾勁」而沒犯「匾病」；如對方來手與我手相觸後立即折回，我應隨其返回之手相連不斷，這才是「連勁」而沒犯「丟病」；如對方直臂來擊，我就順著他的伸臂方向伸長，使其臂不能彎曲，這才是「隨勁」，而不犯「抗病」。只有這樣才算有了「懂勁」的功夫。

懂勁是由「捨己從人」而來的，處處能察覺和順應客觀變化規律，能在虛實上做到上下相隨，則進攻退化就能捨己從人和圓轉自如。從人而仍然主宰於我，即他有千招變化，而我有一定之規，不失中正，就能制人而不受制於人。這是手法、身法和步法達到沾連黏隨的功用。

最後，化勁除根據上述各項原則運用外，還有一點值得注意，就是對方進攻到我的何處，何處動，動要活。主

要是用意走勁，比如對方打到我肩，我意在肘；打到我肘，我意又回到肩；再打到肩時；我意轉到膝或腰或足都可以。這樣循環無端的變化，即叫作「以意化勁」法。

打法

太極打法，是練習擲打發放的實用手法，其練法，也要根據《打手歌》中的口訣來進行。如「掤捋擠按須認真，上下相隨人難進。任他巨力來打我，牽動四兩撥千斤。」又如「上打咽喉下打陰，中打兩肋與當心。還有兩臁和兩膝，腦後一掌索真魂。」

打法要訣中，有二十個字要牢記心中。茲將二十字之意義，解說如下：

披：即是分、開之意。由側方的分進就叫作披。

閃：即側身避開，俗謂之閃。不頂而側讓，不丟而黏之為閃，不是完全離開，並不出很大空隙。

擔：即負起責任之意。任敵襲擊，待其勁將著身時，負其攻勢下懸以化其勁叫作擔，而並不是擔擋敵人之擊或擔出敵人之手足之意。

搓：即手相磨之意，我之手腕、臂、肘與對方腕、臂、肘互相摩擦，試其勁之去向，敵進我隨之退，敵退我趁勢攻，在沾黏不脫之中要有圓滾之意。

歉：歉是不夠不足之意。試探敵勁要求「能仄不盈」，出手不可太滿，總要留有相當的尺寸。否則一發無餘，就不符合太極之理了。

黏：即黏染、相著、膠附之意。纏續不脫，不即不離，人背我順隨機變化。

隨：即順從、跟隨之意。敵主動我被動時，循其後而行，所謂亦步亦趨之意。

拘：即執、取之意。又是趁勢拘住敵人之手足腕臂發呆不動的樣子。

拿：即擒捕、牽引的意思。擒住敵人各部叫作拿；攫點敵人胝穴也叫拿；順勢攀引，也叫拿。

扳：即挽手、援手牽制之意。挽住敵手各部為扳；順勢牽引敵人各部也叫扳。

軟：即柔的意思。不許用拙力而聽其自然之沾黏勁，用以化敵之勁的意思。

掤、摟：即拽、持之意。握持或拽抱敵人手腕、臂膀，使其不能逃脫叫作摟。

摧：即挫折之意。能摧剛為柔，乘勢以挫敵鋒陷其中墜而折之也叫作摧。

掩：即遮蓋之意。遮避之而襲敵叫作掩；閉守敵攻復攫以化其勁也叫作掩。

撮：即聚集、採取之意。以手指取敵各部或點其穴道皆叫作撮。

墜：即落地、墜落之意。太極拳中，若為敵所牽挽，我沉肩墜肘如萬鈞重，再乘其隙以襲之，無不應手奏效。

續：即連、繼之意。能懂勁始可言續，沾黏不脫，勢勢貫串，其勁已斷而意仍不斷，則能續連的意思。

擠、攤：攤即展開之意。如以手佈置陳設的樣子，因而叫作攤。

太極有開合之勁。合而不開，其勁寬窄不當放手也

嫩，所以一開無有不開。如此，不僅吐放舒展且可堅實著力，骨節自對。開勁攀梢為陽，合披坑窯相照分陰陽之意，開合引進落空。分寬窄老嫩，入榫不入榫，有擎靈之意，骨節貫串，動作靈活。開勁宛如披挽梢節至於極點則為陽，合勁又似坑窯與陽相照是為陰，陰陽之意義就是這樣來分的。開合、牽引、進退、起落，使敵處處空虛，惟分尺寸暢仄，功夫久暫，至煉神還虛。如果能夠勢勢完備，放手中的，這才叫作老手；用功雖久，動作滯澀甚至出手無著，這樣的叫作嫩手，其弊則於得入訣竅或不得入訣竅來判斷。

　　不僅如此，還須有虛靈之意，如斤對斤，兩對兩，不丟、不頂，五指緊聚，六節表正，七節要合，八節要扣，九節要長，十節要活，十一節要靜，十二節抓地。

　　敵發一斤力，我用一斤力應之；敵發一兩力，我也一兩力隨之，力雖相等而非對抗，乃試其勁黏隨之意，無雙重之弊，自然不丟不頂。虎口要圓，拇指分領四指彎曲如抓圓球，即緊聚也；中節、梢節、根節俱要安舒中正，尤須處處相合，肩扣胸扣。手、足、臂、腕均要引長，但並非一發無餘之長。鬆肩沉肘，雖四肢百骸靈活，仍須動中求靜，雖靜猶動。呼吸動作自無魯莽滅烈之弊，進前退後之步法皆極靈活輕妙，並含有好似抓地之意。

　　三尖相照即上照鼻尖，中照手尖，下照足尖。能顧元氣，不跑不滯，妙令其熟，牢牢心記。演勢時，三尖勢勢相照方能顧住元氣，氣不散無弛張疾走之害，也無滯澀停頓之虞，妙在功純，切要牢記。

　　吳式太極之打法，強調要能以手當槍用，要不動如山，動如雷霆，高打高顧，低打低應，進打進乘，退打退跟，緊緊相隨，升降未定，沾黏不脫，拳打立跟。能以手當槍並非以空手敵長槍，而是極言手的作用，不動穩之時要如泰山，動時則要如迅雷不及掩耳閉目。如此練習數十年，遇敵交手，當者無不披靡。敵由上方襲我，我由下方以應之，敵進我乘，敵退我跟，上下相隨，前後緊迫，綿綿不斷。立跟之意，是指手足必須要有操手和站樁之功夫，對敵應戰時，方能立奇功。

　　關於太極拳打法，老師們有許多重要的論述，現摘錄一部分於下，學者須謹記。

　　　　沾連黏隨，會神聚精，運我虛靈，彌加整重。太極無法，動靜方圓，細膩熨帖，中權後勁。

　　　　不即不離，不沾不脫，接骨斗榫，細心揣摩。

　　　　乾剛坤柔，陰陽並用；不偏不倚，無過不及。

　　　　不先不後，迎送相當。前後左右，上下四旁。轉接靈敏，緩急相將。

　　　　神以知來，智以藏往。

　　　　兩手轉來似螺紋，一上一下甚平均。全憑太極真消息，牽動四兩撥千斤。

　　　　中氣貫足，切忌先進。淺嚐帶引，靜以待動。

　　　　闔闢動靜，柔之與剛。屈伸往來，進退存亡。一開一合，有變有牽。虛實兼到，忽見忽藏。健順參半，引進精詳。或收或放，忽弛忽張。

　　　　我之交敵，純以團和氣引之使進。

不可使硬氣，亦不可太軟，折其中而已。

又半引半進，帶引帶進，即引即進，以引為進，陰陽一齊並用。此所謂道並行而不悖。非陰陽合德不能心機一動手即到，快莫快於此。

其半引半進之法，肘以上引之使進，手以下勁往前進。胳膊背面為陽，裏面為陰，則是陽引陰進之法，非互為其根不能。

手用引勁引開敵人之手，須用內外螺旋勁引之，令其腳跟不穩。

伸中寓曲何人曉，曲中寓伸識者稀。

徐徐引進人莫曉，漸漸停留意自深。右實左虛藏戞擊，上提下打寓縱擒。

先引後進人誰識，太極循環一圈圓。

引進落空最為先。

敵以手來，我以手引，即引即打，非引之後而後擊之，於此足證陰陽正為其根之實。

引進之勁說不完，一陰一陽手內看。欲抑先揚真實理，擊人不在著先鞭。

兩人交手，我守我疆，不卑不亢，九折羊腸，不可稍讓，如讓他人，人立我跌；急與爭鋒，能上莫下，多占一分，我居形勝。

來宜聽真，去貴神速。

至疾至迅，纏繞迴旋。

力貴迅發，機貴神速。一遲即失敗，一迅疾即得勢。

進如疾風吹人，電光猛閃，愈速愈好。

發手要快，不快則遲誤；打手要狠，不狠則不濟。

勢如手摧山岳，欲令傾倒；意要有如捕鼠之貓在戲鼠、捉之放之形，方能奏效。

人來感我，不肯輕放過我；我之感人，豈肯輕放過人？勢必至用全身力和欲推倒山岳之勢以推。

此身有力須合併，更須留意脊背間。

然非以氣大為之，而實以中正元氣運轉摧迫，令其不得不倒退，且以引進擊搏之術，行於手足之中，又使不能前進我身。

另外，前人還有打法十八要訣，現分述如下。

殘——毀也，發手致殘敵人之意，用於十八字之首。開始之勢最重要，周身要軟活，切不可全用實力，實力則難變換。所謂舉手一推盼彼心胸，腳宜不八不丁，手宜逢虛不發，眼須四面瞻顧，耳聽八方。此為殘字變化之勢。

訣曰：

右手須從腿邊起，發來似箭引如弓。

左右防身兼帶援，細心潑膽進推功。

推——推之本意使遠離，排去之意，是探偵。其餘字字分門，獨賴推字為循環運用。此手出時疾速，緊沾捵撒相連，施展得力全在小。掌肩要消，膝要緊，步穩而不闊，闊則難變，慎防跌失。來勢若虛，沾之則實。

訣曰：

發手未沾切莫吐，若已一沾即用推。

消肩直腕龍伸爪，進步探身勢展開。

援——救也。拳法有進退之分，也有攻防之別，進步防其內門披攔截砍，退步變吾邊門隨意發揮。然有時來勢猛勇迅雷急電，不及換勢即要援手以救之。若彼將右手托開，走邊門往後，則須隨風進步，左手再援近身發手，隱緊擦掇疾推擊之。

訣曰：

> 手抵其胸前，內來急變援；
>
> 隨風跟進足，疾吐莫遲延。

奪——奪者強也。此手與援手相似，倘遇外門披攔截砍，雙手擒拿即變此手，以強取之。吾一轉勢，發手急去，隱急擦掇疾推擊之。

訣曰：

> 奪字猛如風，迎門照架衝；
>
> 回身勢莫奪，分推氣更雄。

牽——挽也，引之使前之意，又順帶之意。順其來勢引之使前傾，或其勢勇猛，順帶用牽使其立止不定，總期以借彼勢力為吾伸縮之用，左右咸宜。但自樁必須立穩，腰帶吸字，隱緊擦掇疾推擊之。

訣曰：

> 任君發手向前衝，順帶牽起還借勢；
>
> 借勢其中還借力，即以其道制其身。

捺——按意。此手須練熟一股沉重活動之力，至於堅緊穩墊，跟對方沉按不離，雖是發手也不離其身，彼左亦左，彼右亦右，就能動虛之際進前一步，隱撒推出應神

速。

訣曰：

披攔按托意沉然，未沾黏處分虛實，個裏玄機在
兩肩。

逼——迫近其強逼其勢，使其變實為虛，吾一舉手彼
手已被我威逼而為我逞勢之用。如此不迫，彼如亂拳紛
來，吾徒勞而無功，彼更足跳手揮，反為彼所迫。況身強
力大者不迫而得勢，則對敵之時，難以取勝，僅可閃躲，
這樣僥倖取躲閃雖勝亦不足為法。

逼者逼其進退之地點要占彼半步，使彼不能前進，而
吾乃得一推而擊。

訣曰：

逼字迎門把手揚，任他豪傑也慌忙。

聽憑熟練手形勢，下手宜先吾占強。

吸——縮也，是引氣入內收回之意。逼吸相反卻又相
連，運用在心，伸縮於外。倘吾手發出之時有迫不及待之
勢，便是運用之時。例如我手為人所逼，有取我胸膈為吾
下部之意，毫髮之間我手不能出勢，形勢危急，用此法救
之，吾氣一入其身自縮。

訣曰：

吸逼雖然判避迫，同為一氣應分明。

千鈞一髮毫釐際，只在微藝方寸情。

貼——近的意思。此手法重在掌跟。不近不貼，一近
即貼，一貼即吐。周身俱要軟活，隨其姿勢，貼近其身，
吾手自可隨意而發。曲動直取，練成迅急之功，使彼莫

測，乘其虛以攻其空，皆貼之妙用。

訣曰：

貼字緊身隨，窺虛便入門。

周身都是膽，妙手自回春。

攛——掇的意思。彼如上部猛勇，原手難取即變此手，攛住他處，在彼手不能全發，急欲隨吾手擲向之處從救護之。彼如用左手一挑右手，想取吾心胸或取我下部，妙不與鬥，即變攛字克之。貴乎神速，不可俟他轉身，轉左跟左、轉右跟右，總以使彼左右顧忌，畏首畏尾，我得攛掇進門而去擊之。

訣曰：

避其鋒銳氣，不計更神奇。

攛入空門裏，來援亦忌遲。

圈——此手謂圓手，即舉手劃一圓圈之意，有半圓、整圓之分，雙圈、單圈之別。練時如此，用時則不然。以手變化，倘遇逼人之時，上虛下實，隨意圈轉。若是用牽之時，彼如跟進一步，強打入門，牽手不能再發，即用此手，以救助之，或挑或隔（格），全在順手一轉之功，乘其虛而覓其勢。

訣曰：

圈手圓圓劃一圈，橫披斜砍劈連肩。

若教練就銅筋臂，任走江湖仍占先。

插——刺的意思，堅而入之。倘彼外來披攔截砍，雙蓋手肩峰坐肘等手來勢洶洶，本手不能進取其中，取要取彼兩邊，即變此手插字克之，全在一股堅勁之功。手落時

肩貼他肩，右手幫助同去，亦有三分借彼勢力乘其虛一撇即插。倘彼內來披攔截砍，即變左手以插取之。

訣曰：

> 還手無須再轉身，順其來勢擊其人。
>
> 要知一撥隨時插，莫待稍停彼已伸。

拋——丟的意思。此手變法：吾手一出，彼用披攔截砍手入門，攻進吾身想砍下吾手，最要者務於相貼之時，借其來力，吾變出一種浮力兜住彼手，內轉半手顧，收左封住彼身勢，暗用擦撒堅推無有不去者。

訣曰：

> 兜時心，拋時慌，浮力其中難審詳。
>
> 術至通靈神化境，脫離瀟灑怎提防？

托——舉起之意。此手法有幫助諸字之功。如吾手一出，彼用雙蓋手發來欲取我上部，我即變用此手。最要者須於變時勿使彼手蓋下，我即將主手插進，用一般救勁兜住左手，封閉逼迫使彼難變，用撒擦之法，以推擊之，無有不勝。亦有借勢乘虛之理。

訣曰：

> 托來宜快不宜遲，插勁還須趁勁推。
>
> 毫忽微藝分勝負，得來秘訣擅英奇。

擦——摩擦之意。此手用法：我手發出須用斂步躲閃之勢，自當手貼不離，腳隨彼轉，滯在何處即存在何處。用擦法以擦之或用外擒手托住當先分他虎口，身緊一步，肘上帶按隱，緊逼撒疾推，帶擦相連相用，待彼慌張，為我用打之地。或用雙分手，將我手托在頭頂，意想取我胸

膈與我下部，我當進一步，右手經過時即在彼面上，隱緊
逼撤疾推擊之。倘遇用左右相換陰陽手者，我用牽字帶
下。宜細心悟之。

訣曰：

擦字飄來急似風，輕描淡寫轉飛蓬。

莫云著處難傷骨，泥雪斑斑印爪鴻。

撤——發放之意。此手與推字似是實非，大有放膽發
展瀟灑脫離之概。彼如前進，我也前進，發手似擋之，勿
怯勿離。若彼力猛，即用此法。彼左則右出，彼右則左
出，隨內進步，撤手拋拳。

訣曰：

撤手從來萬事休，匹夫亦可傲五侯。

得來一字傳千古，博得英名熟與儔。

吞——咽意，非吸字之運氣。咽為形沒為主，與吐字
相反。防內、外、上、中、下五門，披攔截砍雙分手雙蓋
手來勢勇猛，即變此手法。

一吞一吐使彼莫測。退步在吞，進步在吐，然必須先
有吞而後有吐。

訣曰：

丈夫能屈自能伸，進退全憑巧技能。

側步輕移藏變化，竅道之至入於神。

吐——伸意。舒伸吞吐相連相用，出沒無常，令其莫
測，方為得策。所謂其中吞吐變化多端，熟練還須細琢
磨。蓋遇機則吐，一吐復吞，似吞似吐，亦吞亦吐，始入
至神。

訣曰：

　　吞吐明知兩字連，其中變化幾人全。

　　任他學有超人技，不及千金一訣傳。

　　總之，學拳千招，一速為先。所謂拳打不知，謂迅雷不及掩耳。不招不架只是一下，犯了招架就是十下。打拳不要怕，怕拳不要打。打拳打得膽潑氣壯，手捷眼快，人不得窺其方，我獨能運其技。

　　故練打之時，愈熟愈佳，愈快愈妙，出入爽快，吞吐連綿，虛虛實實，實實虛虛，用虛若實，用實若虛。如得出神入化，其中機巧變換，聲東擊西，指南打北，誘之使來，推之使去，奪之使懼，逼之使退，從容應付，有心手相應之妙；彼則畏首畏尾，有無所措手足之方。打法至此則勝券可操矣。

　　打拳需要照架子打，照勢子進，一步緊一步，一拳緊一拳，進則生，退則死，遇架倒架，照勢解勢，皆內家之秘訣。故打拳者必先具有膽量，無膽量即無效果。恐怖於內，畏縮於外，敵乘其虛以攻其隙，甚至失敗於技之不如之者，比比皆是。

　　所謂蓄勁即提勁之動作。始欲以拳擊人，於發拳之先必須吸氣提力，吐氣發勁。否則其勁不蓄則拳不堅，是其心中首先未有蓄勁之準備，等於普通人之拳擊而已。拳術家之拳擊則不然，因為一拳之擊，先須經過蜷、緊、勁、擊四字程序。

　　所謂蜷緊勁擊：

　　1. 握拳時併四指，屈上兩節，緊貼於第三節之下，此

時手背成平凹式，骨節內陷，形如虛爪。

2. 再將第三節緊屈，大拇指屈壓於二三指之中節，則已蜷緊。

3. 吸氣提力，力發於心，提於臂，臂注於掌指，則自覺有勁。

4. 如欲擊人，使勁一吐，其發如電，始成為擊。所以說拳不蜷不緊，不緊不勁，不勁雖發亦不成為擊。所謂蜷緊勁擊是打法之初階，也是蓄勁之基礎。蓄勁之拳較平常拳擊得勁，但不如乘勁之巧妙。

所謂乘勁是乘人發勁之時，或推或挽或牽或托，均以乘其來勢使之前傾，或借其來勁使之旁跌，以我微力，傾彼強壯之軀；以我巧妙之方，擊其傾斜之處，皆乘勁之作用。

所謂等打趕打是什麼意思？臨場之際，心平氣和，以逸待勞，可占優勝，不先發手擊人，待人發手之際，我則乘機以挫其鋒，是等打之功用，較趕打為優。然既打之後，或手足瞬息萬變優勝劣則頃刻即分，故不加猶豫，握有奪之使來，逼之使退，推之使顛，吐之使蹶，似不用等打而專用趕打，尤未盡善。完全之技擊，必合蓄勁、乘勁、等打、趕打各手法步法而成。

打法最忌犯拳之八反：

1. **懶散遲緩**。打拳宜手捷眼快，緊逼先施，敵不動，我不動，敵欲動，我先動。以我之動逼之使其不能動，則得秘訣。故懶散遲緩為八反之一。

2. **歪斜寒肩**。拳術一道，總以不失重心為主。

3. **老步腆胸**。打拳步法宜龍形虎奔，吸腹收腰挺膊舒筋，蹈歷若規行短步，屈背勾頭大犯忌。

4. **直立軟腿**。血氣上浮，頭重腳輕，煉氣下行根基穩固，無站樁之功，難換虛浮之力。

5. **脫肘截拳**。吞吐能發能收主相連，未沾勿貼自無脫落不中之慮，滿力衝拳定有截留難收之弊，用肘用拳尤重彈勁。

6. **扭臀屈腰**。束帶緊腰，沉其體力；八步丁字，堅其下部；靈活肩軀，敏捷手足，方可與人交手，以免犯有身歪步斜之弊。

7. **開門提影**。打拳不怕，怕拳不打。拳來閃避，拳去追蹤，攻外無方，守內無法，不明露空之處，不知虛實之著，犯大忌。

8. **雙手齊出**。左手攻敵，右手防身；右手攻入，左手顧己。一攻一守，有防有攻，此為定理。反之，雙手齊出，能攻不能守，一經落空，無法挽救。

第十二章

太極拳推手中的幾種力學現象

第一節　太極拳推手中的靜力學現象

　　初學者在練習太極拳推手過程中的力學現象，我認為基本上都可歸到靜力學範疇之中。也就是說，初級水平搭手瞬間之受力情況，都可以用平面剛體力學的分合力公理去描述。根據力學原理，任何力都是某物體對於另一物體的作用，即有一作用力必須有一反作用力。另外還知道，一個剛體保持穩定的必要條件是在平面共點力系中，應該是諸力之和等於零，如不為零，物體必定按照合力作用線方向產生運動。

　　根據以上靜力學之基本觀點，我們就可以解釋太極拳推手中的一些力學現象。如果把甲乙推手者雙方看成兩個物體在相互作用，則有以下的力學過程：

　　甲方直力推乙，乙方並不按甲方作用線方向直頂，而是根據太極拳原則橫走之，並以意達於甲方發力點或身體某一部位。這一瞬間，實際上就是力三角形的具體應用。

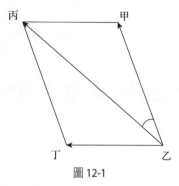

圖 12-1

其中乙－甲方向之力，為甲方推乙方之反作用力，乙－丁方向之力即為乙方橫走之力，此時乙方意念所達之丙點，即為乙－丙方向合力之通過點。由圖不難看出，乙方橫走之乙－丁方向力，遠比甲方直推之力小，而達於甲方之合力，乙－丙則比甲方直推之力乙－甲大得多（根據作用與反作用相等原則，乙方之反作用力，實際上就是甲方直推之力）。此外，乙方所走之橫力，如大小或方向改變，都直接影響合力之大小和方向，其中有一個最佳受力姿勢，需要經長時間實踐才能逐漸掌握。（圖 12-1）

以上分析中，許多觀點都是從剛體靜力學角度來考慮的。實際上，把練習者看成是剛體，與實際情況有出入。

但是，常見的太極拳推手練習者，其動作姿態並沒有與太極拳練習原則完全相符，所以，上述分析還是可以說明一定的問題。

第二節　太極拳推手或技擊中的彈性力學現象

太極拳訓練有素者，身體能夠做到既堅硬又柔軟。如果根據彈性物體的受力分析來描述推手或技擊中的瞬間受力過程，很能說明中乘功夫的推手原理。

　　太極拳講究沾連黏隨。根據彈性體的胡克定律——應變與引起應變的應力成比例這一原則來描述太極拳的沾連黏隨是很恰當的。即外力增加，受力彈性體應力和應變都相應按比例增加，外力減之，它亦減之。彈性體一旦與外力接觸，它就始終不丟不頂不棄離。

　　彈性體的受力分析是一個非常複雜的問題，與剛體的受力不一樣，彈性體受力後要涉及應力、應變位移以及應力與應變之間的關係，也就是說彈性體受力後會在力學、幾何、物理三方面發生變化。在太極拳推手中，僵硬與鬆靜所產生之受力狀況是完全不同的。因為僵硬者可看成剛體，剛體受力過程可用分合力來描述，而鬆靜者則近似於彈性體，因而可用彈性力學來作分析。

　　而彈性體受力後則不然，由於它要按胡克定律來應付外力，所以彈性體受力後，它能始終黏住外力，亦緩亦進。況且彈性體受力後要產生位移，受力情況隨時間不斷變化。故而彈性體能夠緩化外力，不受外力所制，這實際上就是太極拳變化之過程。

　　至於發力瞬間仍可以分合力來解釋。但是因為是彈性體受力，在受力接觸面，比之剛體接觸點受力狀況就有法向力和切向力的作用產生，這樣作用到物體，所產生之效果顯然又不一樣（圖 12-2）。

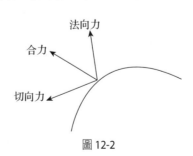

圖 12-2

　　法向力就是反抗外力之反作用力，而切向力又可使外

力者產生一旋轉運動。不難看出，上述過程顯然與剛體受力狀況不一樣。

在推手中，有時還要出現一種雙方尚未接觸，結果已見分曉的奇怪現象。這種現象很像電場擊人，受擊者如遭場力所擊，未觸即跌出數丈以外。這種現象雖然很少見，但據文字記載、前輩口授確實有例。這種技擊現象，顯然是上述力學分析解釋所不能說明的。

下面就此問題作一探討性的解釋，供讀者參考。

🏃 第三節　太極拳推手或技擊中的場力學現象

我們知道，練習有素者在操練時有一股暖流或類似水銀流動的感覺，這種流動物質，根據得道者體會或古傳論述，有坎離移位現象。如用現代科學觀點解釋，有如磁場之南北極顛倒現象，這種說法恰恰是物理學中的場效應現象。如果根據場效應來解釋我們所提的神奇技擊現象，似乎就不難理解，人為什麼並未接觸擊發者，就能被擊倒。在推手中，對方有犯吾之意，雖未接觸，而我方往往已有一股無形的儡力作用其身。

我想除了精神因素外，似乎確實有一種看不見的場力在起作用。至於場力大小，與場力源有直接關係。彈性力和場力雖說撰述方法不一樣，但是它們都與剛體外力有本質不同，只不過場力比之彈性力，前者應屬於上乘功夫。可是不管剛體外力、彈性體或是場力，單純就力的作用來

說，都是力在起作用，只是效果有所區別，或認為這就是太極拳中所強調的「內勁」與「力」的區別及內在聯繫。

另外，大家都很熟悉，在力學中有力的三要素，就是大小、方向、著力點。如果兩力平衡，這兩個力必須大小相等，方向相反，作用點不同，則產生力矩，使物體發生旋轉。此外，用力推動放在地面上的物體，倘若力的作用線通過物體的重心，那麼這個物體就能被我們推動，倘若力的作用線不通過重心，就會發生轉動，而推不動這個物體。

太極拳推手雖然不和對方硬碰硬撞，然而也不是一味示弱，而是在其中有一種沾黏勁，好像在水中按皮球的情形一樣。在水面上按皮球的時候，如果沒有找好著力點，則皮球翻滾而不能入水。如果按的時候找好著力點，那麼皮球就可以被按入水中。然而，此時皮球對手有一種反抗的力量，這種反抗的力量就好像是一種掤勁。

在太極拳中經常用著力點不同而發生轉動的原理來化對方的力，如果把自己比成是一個大球，只要使對方來力之方向不通過球心，對方就推我不動。

第 **十三** 章

用意不用力

太極拳是內功拳的一種，又是意拳，拳諺云：「內功拳首在練意。」隨著練拳時間的延長和技術水準的提高，有人便會提出什麼是太極拳的意識、什麼叫用意不用力、怎樣加強意識練習、怎樣才能用意等一些有關太極拳的意識問題。這是值得我們研究和探討的。

意識問題是太極拳的首要問題，所有太極拳理論無不強調以意領先以及意識的重要性。

第一節　太極拳的意識

意識就是人的頭腦對於客觀物質世界的反映，是感覺、思維等各種心理過程的總和。那麼，什麼是太極拳中的意識呢？顧名思義，就是在練拳時頭腦中沒有任何思想雜念，即在未動之前，用感覺思維的心理過程，想動作的要領、方法及動作運行的軌跡。前一動作開始後，隨著運動而思考下一動作的開始、發展和結束。這樣週期性地進

行下去，直至練拳停止。這就是《十三勢行功心解》中說的「先在心，後在身」。

太極拳要求用意不用力，就是用意識蓄養精神來引導動作，但切記把意識貫注於呼吸或勁力上。如果把意識作為呼吸的途徑，想呼就呼，想吸就吸，這樣就會出現動作凝滯，不能獲得吸則拿得人起，呼則自然沉得下也放得人出的較高技擊效果。如果把意識放在勁力上，有意識地去用力，就會造成動作僵硬。

從中醫角度來說，就是周身氣阻不通，就會出現病變。所以說，「切記不可用力，不可尚氣，以致有氣者無力，無氣無力者純剛。」

太極拳的意識就是把動作的方法要領潛藏在腦子裏，然後由大腦的感覺稍微恰如其分地反映到肢體上。正是「以意領先，先在心，後在身」。

古今的太極拳理論都非常重視和強調意識問題，在太極拳中一切要求以意領先。所以我們必須加強意識的培養，使太極拳的技術得到進一步的提高。

🚶 第二節　意識的作用

意識的作用可以從兩方面來談。

從健身的角度看，太極拳治療疾病的效果很大，這已是實踐證明了的，這裏不一一贅述。在太極拳運動中，因為大腦神經都集中在動作中（意識引導動作），運動神經的興奮性高並且壓倒疾病的神經興奮性。久而久之練習，

機體內病神經的興奮性被驅逐、被抑制，所以疾病的活動範圍逐漸縮小。

太極拳運動除肢體活動外，最重要的是使神經系統得到鍛鍊。神經系統除了有運動感覺功能外，還有所謂營養功能（營養神經），調節各個組織和器官的營養，對於機體的活動能力具有重大的意義。神經系統這一功能在運動中具有特殊意義，因為在運動時身體的代謝旺盛，這就更需要加強所有器官和組織的營養，使組織以及周圍環境間化學變化和新陳代謝得到增強。

太極拳治病和健身之所以有顯著作用，就是意識與動作相結合的練法是密切聯繫在一起的，可見中樞神經系統功能性刺激和積極的訓練，有助於使被疾病興奮所抑制或衰退的功能重新得到興奮，從而調節各個系統的功能達到治病、健身的目的。

從技擊意義來說，意識的存在與否，關係到雙方勝敗的生死問題。在練拳時，要有意識地假設與對方準備交手時先至對方，每每在盤架後，全身血液循環加強，局部皮膚時常有小蟲緩緩爬行之感，手指肚有微汗滲出。這些現象就是「以意領先，以意運臂，以氣貫指」。

以意領先的主要作用是使競爭中肢體（接觸點）感覺更加靈敏，從而使「後人發，先人至」獲得成功。另外，在推手中如果準備發放者的意識深而遠，就能準而狠地將對方發放出丈外。然而，具備了一定的身體條件而沒有進攻將對方打敗的意識，那也是無濟於事的，所以太極拳的意識所在是非常重要的。

⃛ 第三節　如何用意識指導實踐

　　前邊已經講過什麼是意識，那麼如何用意識指導實踐呢？先不妨從外因到內因由表及裏地建立所意識部位的意識感覺，做一些進行放鬆的意識練習。例如：甲方對乙方進行語言刺激的意識練習，乙方隨意站立聽到甲方的語言，進行自我暗示，甲方用誘導性語言刺激是：兩腳開立→兩目微閉→兩肩放鬆→兩肘放鬆→手腕五指自然放鬆→涵胸收腹→臀部內斂→腰胯放鬆→兩膝自然伸直。這樣反覆 1～2 次使乙方進入安靜狀態，並使其有前後搖晃之感，這就達到了周身放鬆、不偏不倚的目的。

　　在誘導性語言刺激中聲音要柔緩，速度要稍慢一些。這樣由外界誘導性語言刺激訓練，對自己內意識形成的過程還必須在練拳中逐漸強化，使其形成「自動化」，在懂得了太極拳基本理論的基礎上，用意識引導動作。

　　譬如：太極拳預備式是兩腳開立，與肩同寬，兩臂自然垂於體側，頭正、眼平視，這僅僅是外形的要求。而意識的要求則是從上到下用意識來蓄養精神，下頜微收，虛領頂勁，沉肩墜肘，指鬆如戳地，兩臂微微內合，胸肌鬆弛，不要挺胸努氣，能涵胸自然能拔背，做到脊背舒展自然腰胯放鬆，裹襠溜臀，尾閭中正，兩膝自然伸直。由自上而下的意識引導，使其周身放鬆，輕靈、敏感能力增強。在盤架子過程中，時時處處也能用意識來暗示自己。從身體內來講，全身放鬆，氣沉丹田，時刻都在蓄勁，含

有技擊的意念；從外形來看，動作輕鬆，變化圓轉自如，精神內斂，穩如泰山。盤架子中努力做到有人若無人，無人人打影。相反，如果沒有意識的引導，盤架子中就會出現盲練，失掉了拳架中一招一勢真正的技擊意義，精神萎靡，似如木雞，動作形式化或動作與意識無關，出現輕飄浮散或是動作僵硬，若牽一髮而全身皆動的現象。

故此，太極拳要求用意不用力，全身鬆開，以意運臂、以氣貫指，這樣久久練之才能達到「意之所至，氣即至焉」。也正像拳諺所說「意到則氣到，氣到勁自到」。因而，練習太極拳從始至終必須思想集中，用意達身不滯心，以心至身，這樣不斷地強化自己內意識，久而久之，練習自如，意到身到勁自到，沾之則發。

第四節　怎樣進行意識練習

太極拳的動作在意識引導下進行，也就是在大腦的支配下活動。但是怎樣才能進一步的加強意識，使其真正符合「意動身隨，勢勢存心揆用意」的練拳原則，我們不妨從動靜的兩方面來練習。

椿功

椿功就是站椿。站椿就是沒有一招一勢的活動形式，是一套固定不動的拳架子。練習時就是從拳路中隨意拿出一個動作，擺好姿勢，固定不動，用意念指導動作。如左「抱七星」，左臂前伸，右臂輕輕扶按在左臂上豎頂，胸

涵而不縮，擴大胸圍，兩肩微向內扣呈圓背，溜裏臀部，使力量全部下達到支撐腿上。這時試想是否做到上肢鬆勁，上體涵胸拔背，上下貫串一氣，尾閭中正神貫頂。此時應把意識集中到左臂上，胸中感到豁然寬廣，視野擴大，好像胸中有成竹，隨時都有不沾則罷，一沾即發的思想意識。這樣的練習一則提高意識的能力，二則增強了下肢力量，使其在盤架子中周身鬆沉。

專門性練習

太極拳的每個動作都有它的技擊意義，在推手或盤架子中，如果用意淺或丟掉深而遠的意識指導，就會出現欲發（放）而發（放）不成，或者只是膚皮蹭癢，打不中敵方，所以要用意養蓄精神意識來引導動作。

在初學太極拳時，因為不懂技擊的意義和方法，故此要結合套路中的動作培養自己的意識，也就是在未動之前先想動作，隨之，運動之後邊做邊想下一個動作。譬如做倒攆猴時，在未推掌之前，先想推掌動作，隨之再做推掌動作，又在推掌開始時想下一個倒攆猴的動作，由虛到實，由左到右，這樣連綿不斷地想與做相結合，就把意識與動作結合起來，使意、氣、勁三者合而為一。

隨著動作的熟練，用意識也就能逐漸細緻起來，隨著動作的變化而不斷使意識深刻化。用意識指導手臂和各個部位的著力點（接觸部位），逐步做到以意運臂。在這個基礎上練拳時，要結合技擊方法用意，要像拳諺所說：「有人若無人，無人似有人。」進行假設性而含有技擊意

義的練習，根據技擊技術的原理，用意識引導手臂的各個著力點的轉換，全神貫注，以意領先，這在太極拳推手中是十分重要的。

《太極拳經》說：「在意不在氣，在氣則滯。」這就是說，氣的惰性未免還是大，不如意的靈活。意的靈活性究竟有多高呢？可以說幾乎可能無窮之大，因為它的惰性幾乎可能是零。所以說太極拳最著重的就是虛實的變化，每一動都要有虛實，一處有一處的虛實，處處總有一虛實。虛實的變化都是通過意識的轉變，即有意所注者為實，否則為虛，此時之虛並非無力，只是無意而已。

第五節　意是怎樣運行的

太極拳中所用的意，它的運行立體路線亦是走的太極圖（圖 13-1），很像一個鋼球或棒球上的接合縫。同時，太極拳的一動就有一個圓圈。在這個圓圈當中又要分清虛實，所以「意」一動也就要成一圓圈，而這圈是根據

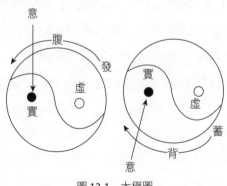

圖 13-1　太極圖

王宗岳「往復須有摺疊，進退須有轉換」的這句話，由實踐則形成了太極拳所獨有的特點。現以俯視圖（圖 13-2）說明如下。

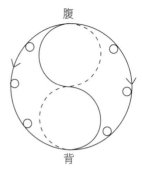

圖 13-2　太極俯視圖

圓中反 S 形掉頭，即所謂摺疊處，圓周上小圈即轉換處。實際上轉換小圈的數目並不一定（如太極俯視圖所示）。

所謂意的路線就是波頭的路線，如俯視圖所見。在每一瞬間，波頭對上或下、左或右、前或後的三個方面，都有不同程度的推動力。這種推動力，接著便傳遞到相應的氣脈中去，從而使這個氣脈也反映了和這種路線相仿的虛實變化。這些虛實變化又由無數脈絡，最後在骨肉上反映出來。由於意的靈活具有無窮的可能性，而且再也沒有任何東西可以比得過，所以實際上已不需要，你也不能再在虛實變化的策動力方面加以任何改進了。不過若是再提高一步的話，那就是乾脆連意的策動也一併消失。這又是怎麼說呢？老子說：「復歸於自然」，便是這個境界。

歸納起來說，關於虛實的初步練習，實際上完全是重心轉移的問題。中級階段的虛實開始和氣結合起來了，也就是變成了中氣轉移的問題；到高級階段，在重心和氣方面，幾乎都可以保持平衡了，只是在心意和勁頭方面來分虛實。最後，不分虛實而自有虛實，方為最高。

至於人的心意比電磁反應還可能靈活到無數倍，實際上也沒有任何人工的調整裝置能夠趕得上，問題只是在於

如何把被調整的氣和骨肉逐步跟上去。

🚶 第六節　左起右落的躋維變化

一個螺絲釘朝右轉便降下去，朝左轉便升起來，這就是左起右落。螺絲釘為什麼要做成這個樣子呢？因為一般人做事都用右手，而右手這樣轉時，便覺順遂得力。這又是什麼道理呢？很多人會以為這不過是習慣，假如從小左手習慣了，還不是一樣嗎？實際上，也確有少數人從小就用左手拿筷子的、甚至還有用左腳踢球的呢。其實這不完全是屬於習慣，這主要是人身內的中氣向左或向右旋轉時，有著不同的效果所致。男的右轉時為開為蓄、左轉時為合為發，女人則反之。使用左手左腳到底還是少數。

這種規律，每個人都可以簡單地試驗來證明，除了轉螺絲之外，也可以用左手或右手，反覆地抽回來打出去，就可以明白哪隻手比較得勁了。這就是中氣轉動方向，對於用勁的性質有著絕對的決定作用，也就是左右對起落有個絕對的關係，而不是相對關係。但是一般人也許還感覺不到中氣的活動，也就一時難以理解。

從中國古代有關醫療或氣功的書籍中，便可見到「男左女右」「男則左轉、女則右轉」等的說法。這個規律雖然早被發現，且又記載得如此明確，但由於只有極少數人留意到它，而且，也只有更少數的人能夠從自己的身上求得證實，所以它幾乎一直是默默無聞的。如要教人承認這個規律，最好請他自己練功夫，練到某個程度，自然就會

心領神會，而不需要任何解釋了。正因為一般人都易於把左右的活動看成是完全相對的，所以這個規律在練功夫方面就顯得特別重要，必須把其釐清楚。

中氣在丹田內做向左或向右的旋轉時，它為什麼會表現出不同的效果來呢？這就是由於主宰一身左右之陰陽蹻脈的作用。蹻脈之所以稱為蹻脈，因為它有個與眾不同的特點。例如中氣向前轉，會對前面的任脈起推動作用；中氣向後轉，會對後面的督脈起作用。但對蹻脈來說，情況就不同了。對男人來說，中氣向右轉時，並不是對右邊的陰陽蹻脈都有推動力，而是根據中氣本身左起右落的自然規律，以及蹻脈陰昇陽降的特點，只對其中的陽蹻有所推動；而且還不是只對右邊的陽蹻有推動力，對左邊的陽蹻也有推動力。同樣，中氣向左轉時，不僅對左邊陰蹻有所推動，同時對右邊的陰蹻也有推動力（以上情況只在練拳到高級階段時才能自覺地完全如此；在初步時，中氣在丹田內還不能有意識地進行轉動，即使有點作用，也只和一般人一樣是屬於自發性的；在中層開始時，中氣只是晃動，一邊實，一邊空虛，即有一邊空虛，也就談不到任何作用了）。對陽蹻的推動效果，就使得手足陽脈變實，陰脈變虛，而成為開或蓄的過程；對陰脈的推動就使得陰脈變實，陽脈變虛，而成為合或發的過程。練拳的同時，當然還有任督二脈開合的作用。

至於和蹻脈近於並行的維脈的作用，在此可以稍微說明一下。維者，維持調和之意。例如練螺旋勁的鬆緊，在一個開或合的過程中，往往有兩三個轉換或波動。由於維

脈天生有一種「阻尼」作用，在「氣壓」激增時，起一種節制作用，而在其衰退時，則起一種遲滯作用，這就使它可以拉平波動，而使用勁平衡起來，很像電氣回路中濾波器電容的作用。中氣雖然對維脈也有直接聯繫，但是維脈還是作為蹻脈的助手而進行工作的。氣的開合情況很像一個氣球，開時「支撐八面」如球的鼓起，對外有吸收的作用；合時「專主一方」如氣球之放氣，對外有衝擊的作用，這便是武術上「引進落空合即出」的原理。

在練拳中應如何逐步配合利用這個「左起右落」的規律呢？在這個規律的配合中，主要有一個問題，就是在架子的動作上所有的左右虛實，對於蓄發的關係往往不得不和這個規律相矛盾；另一方面，由於煉氣程度的限制，要有意識地利用這個規律，也必須等到最後「丹田氣轉」的階段才行，而要充分發揮這個規律，則須等到蹻脈打通循環以後才行。我們仍舊按煉氣的三個程序來討論這個配合的問題。

第一步，「**煉精化氣**」的階段。在氣的方面，所煉的是任脈的上、下提放，這和丹田旋轉的距離不遠，還談不上由丹田發動蹻脈的問題。在虛實方面，這時主要是重心的轉移問題。重心轉移只能根據架子的需要，不能根據「左右起落」的規律，若是一定要根據「左起右落」的規律來練，有時就不能利用重心的轉移來變化虛實了。

第二步，「**煉氣化神**」的階段。在氣的方面，所煉的是任督脈的循環和丹田的晃動。其中丹田的左右晃動對蹻脈是會有較大推動作用的，但這種作用只能為打通蹻、維

脈打下基礎，還不能是蹻脈發揮正常的作用。比如中氣右晃時，其效果和右轉而開是顯然不同的。右晃時，右實左空，右邊的陰陽蹻脈便會全都充實起來，而左邊全都是成為虛空，這顯然就不能達到開的效果。在虛實方面，主要就要靠這種氣的晃動來分，其對「左起右落」的規律所造成的矛盾，也和第一階段相似。假如一邊全實，一邊全空，並且是百分之百的晃動性質，那麼在左右轉變時，可以說是毫無開合作用的。實際上當不至此。在第二步向第三步過渡時，丹田氣便能轉了，這就開始要打通蹻脈的循環，發揮出它的「陰上陽下」的特點，以便主要依靠蹻脈，進行以氣運身，可逐步地由開合造成左右、前後的活動，而不再是由左右、前後的活動來造成開合。從而，也就可在虛實變化中保證不偏不倚了。

　　第三步，「煉神還虛」的階段。在氣的方面，各路氣脈，包括蹻脈在內，都逐步走成循環，丹田氣也能逐步轉成了立體的太極圖路線。在這個階段裏，丹田氣向右、向下、向後轉時，對於也向下走的陽蹻脈有助長作用。同時，向後面轉時，雖然有向下的*趨勢*，但因尾閭不通，加以吸提的作用，反而向上時督脈起推動作用，於是全身就造成了開。丹田氣向左、向上、向前轉時，對於邊向上走的陽蹻有助長作用，同時向前面轉時，雖有向上的*趨勢*，但因手足發勁，氣都上走陰蹻，加以呼吸的作用，故任脈氣仍降至丹田，全身就造成了合。此外，丹田氣本身也有個「右開左合」的特性，便也成為推動督脈而吸引任脈的主要原因之一。

第七節　張與弛的關係與作用

王宗岳在《太極拳論》中說：「蓄勁如張弓，發勁如放箭。」所謂蓄勁、發勁，正是一張一弛。張弛二字偏旁都從「弓」，可知是開弓射箭的意思。

太極拳所講的「一開一合」，就是一張一弛。說到一開一合，便要懂得意、氣，若只從身形外面來看，就不免造成誤會。比如「弓」，它的一開一合、一張一弛是相符合的，外形上一開一合，內力上便正好是一張一弛，故按外形可辨其張弛。但對人來講，比「弓」要複雜些，外形開合，內力張弛，就不一定都是相符的了。人身的張弛不以外形為準，而主要是以中氣或勁力為準的。勁和氣是不可分割的，氣在哪裏，勁就在哪裏。練拳中一吸一呼或一蓄一發時，中氣便一開一合，身體就一張一弛。所以蓄勁時不論身形開合，都成開勁，同樣的，發勁也都成合勁。開時如離中虛（☲），外實內虛；合時如坎中滿（☵），外虛內實。內家拳意氣為上，不重外面，所以說開合不說張弛，如按意氣來說，開合和張弛也是一致的。但初學拳時，不可能馬上就結合到氣，而只能先做身體運動，開合難分，張弛易明，所以不如先談張弛的問題。

有人問「鬆開」不就是全身放鬆嗎？為什麼又要一張一弛呢？首先談放鬆問題，試想全身放鬆後，除了就地躺下之外，還有什麼其他可能呢？練拳既是一種運動，也就必須一張一弛或說一緊一鬆，只鬆不緊要躺下，只緊不鬆要僵住，其理甚明。其次，這句話是在解釋「用意不用

力」這個要點時說的，因此要徹底瞭解這句話，就必須全面地研究「用意不用力」的解釋，方才不致誤會。不難看出，全身鬆開的目的是「不致有分毫之拙力」，以便「輕靈變化，圓轉自如」和「意之所至，氣即至焉」，於是得到「如綿裏鐵，分量極沉」之真正內勁。可見，全身鬆開是一張一弛中的總要求，而放鬆卻只是一個「弛」。其實只弛不張就會造成軟弱無力的後果。「弓」要用時先要上弦，這在練拳也是一樣，必須「上著弦」，不能儘量放鬆，否則就沒有彈性了。主張全身放鬆的人顯然會搞錯，而且練法正好相反，不但不上弦，而且可能大大放鬆，只要仍舊站得住就行。這種張得不足而弛之太過的練法，最多只能造就一張軟弓，只在部分範圍內才具有弓的彈性。拳論云「氣以直養而無害，勁以曲蓄而有餘」，才是正確的要求。此練法和放鬆的練法相反，但要求不斷提高強度，爭取做強弓硬弩。故在張的方面採取積極態度，只要彈性夠，儘量張好了。張、弛時要注意，必須留幾分勁，因為弛過度時，身便散亂了。當然，在弛的方面也要發展，以擴大適應性。重點仍應注意張的方面。

　　張的幅度是個重要的問題。依據上述意見，主要是個力量的幅度，而不單是距離的幅度。再拿弓來講，其張弛幅度最大時，射箭也最遠。但這個幅度在張和弛的兩端不免要受限制，張到某個程度時會折斷，而弛到某個程度時又會散亂。因此，這個幅度也就被限制在折斷和散亂的中間。在這中間一般距離內，不論張或弛，弓體中力的分佈都有一個總的特點──均，也就是在每一瞬間，弓體中任

何一點張的力量都是相等的，而且整個弓體在張弛過程中，每一點張力的增減率也都相等。在空間和時間的分佈上，張力都很均勻，這便是彈性物體的共同點。反過來說，若想保持彈性，就一定要注意「均」的問題。

練拳當然要比開弓射箭複雜得多，但實際上完全可以用同樣的概念來理解。因此，為了達到理想的效果，拳必須力求在均的條件下有最大的張和弛的幅度。

說到這裏，我們把「均的條件下有最大幅度」的原則結合練拳來研究一下。假定是某一張固定的弓，其均勻程度和幅度是固定的，因而其強度（即最大的張力）是固定的，或是硬弓，或就是軟弓。但對某一個固定的人來說，他的均勻程度和幅度卻是可以變化的，而且練拳的基本目的也就是為要改進均勻的程度，以求成為一張可硬可軟的弓。那麼，在練拳中，應該先求均勻還是先求大幅度呢？這就要因人而異了。比方年輕人身體彈性好，就可以多練練幅度；年紀大的和體質弱的則不妨練練均勻，再在較均勻的情況下穩步地增加幅度。實際上在任何事物的發展過程中，均勻只是一個暫時現象（某一條件下的均勻），而不是經常現象，練拳當然也不會例外。增加幅度破壞均勢，再取得均勢，其最後目標還是均。

🚶 第八節　勁與力的區別

上面所談到的「均」乃為天下之至理，可以拿來作為「內勁」的註解。科學家在實驗室中把鋼鐵等金屬加以特

殊處理，使它們的組織變得更均勻之後，它們的強度便能增加到幾百倍甚至一千倍以上。或把食鹽這樣稀鬆的物質，冷卻到近於絕對零度，使它們的組織變得均勻後，它們的強度便也可接近於鋼鐵。所以從科學實驗來看，太極拳的發勁「如百煉鋼，何堅不摧」，也不是誇大其詞的。

外家拳和內家拳有一個本質上的共同點，即兩種拳都是以一張一弛來運動的；但也有一個本質上的不同點，那就是內家以張為蓄，以弛為發，即所謂「蓄勁如張弓，發勁如放箭」，而外家拳則「以弛為蓄，以張為發」，正好相反。

總之，不論什麼運動，脫離了一張一弛的規律是絕對無法進行的。而且，根據人身的自然規律，還總是在張時吸氣，而在弛時呼氣的。我們為了便於說明問題，就把凡是配合呼吸和全身統一的用力都稱為勁，弛時呼氣便是內勁，一張一弛輪換而行，一內一外互為其根，可見決無外勁脫離內勁，也無內勁脫離外勁，關鍵問題只是在於起作用的是哪一種勁。用內勁作為發勁的成為內家拳，用外勁作為發勁的便稱為外家拳了。所以內家拳並非只有內勁，而只是以內勁為用罷了。外家拳正相反。

根據上述原則，我們把不配合呼吸或不統一的用力都直接地稱為拙力。它使人們的運動不協調，或使各部分力量互相牽制和抵消，這樣運動的效率當然就很差。例如舉重，一般初學的人就屏住氣往上舉，不但吃力，並且不討好，甚至還會扭傷。一般人在小孩時期的用力相當協調，也就是所謂整勁，漸漸成長後，在勞動或運動中培養成局

部用力的習慣，以後就不容易改掉了。在練拳中，所以要「用意不用力」的原因，便是要防止這種條件反射的局部拙力，而不是絕對不許用力。因此，談到用勁，便首先要克服局部用力的習慣，而這是很不容易的。

按外勁或內勁的本身來看，它們都是配合呼吸的用力，這算是勁，分不出彼此有什麼優劣。但如結合某種運動的具體目的來看時，就可以比出優劣來了。

例如舉重，按這種運動的目的來看，顯然外勁就占了絕對優勢，你想把石擔往上舉時呼一口氣，那樣行嗎？當然不行。一呼氣全身一鬆，石擔就有往下掉的可能，所以往上用力是不能呼氣的，呼氣是不合理的。再如打夯、推車，這就必須用內勁才行。人們在打夯時，總是唱起號子，以便加一把勁，這就是因為他們用勁時總是呼出一口氣，若是用「悶口勁」來打夯，當然也就會不得勁了。

還可以在物理概念上來說明一下內勁在武術上的合理性。如前所述，所謂內勁就是以弛為用、以張為蓄的用力方式。於是從能量的變換上說，張就是能量的積蓄過程，弛就是能量的釋放過程。如果需要一種頂勁、抗勁，如耕地、舉重等，就應在張的過程中起作用。能量的增加引起了張力或壓力的增加，於是就克服了阻力而做功。但如果需要的是一種打擊力、推動力，如打鐵、射箭、開炮等，就應在弛的過程中起作用，能量釋放的結果就使鐵錘、箭或砲彈得到必要的加速。

因此，在技擊上講，用內勁就像開炮、射箭的推動力和打鐵錘的打擊力，用外勁則多呈現出頂撞或相互對抗的

局面，最後是力大者勝。

　　內勁的張弛蓄發，初練時比較粗糙，即所謂直來直去，不能持久，有停頓，身體上也會發生凹凸和缺陷。進一步即曲中求直，圓轉運行，在一張一弛的過程中力量雖在不斷地變化，但速度仍可保持均勻，全身亦可始終保持鬆開，以滿足太極拳的原則要求。

　　根據簡單的物理概念就可知道，在各種運動中，只有圓圈運動才能在外力變化的作用下仍可保持均勻的速度，而且也正是由於圓圈運動的離心力和向心力的作用，才可使人身一直保持鬆開的狀態。至於太極拳所謂「四兩撥千斤」和「以靜制動」，更是捨掉轉圈便不可能了。

　　最後我們說，練拳的懂勁與否，主要的考驗就是對敵。下面就按一般常見的對敵方式，順次說明用勁的粗細。最粗的要數鬥牛，基本上都是拙力。其次是各種摔跤，在鬥牛的基礎上已經有了一些變化，但其中也有粗細之別：如果是硬把人扳倒，這是外勁比較粗；如果能爽快地把人摔出去，內勁就比較細了。再其次是拳擊和擊劍，已開始講究步法和利用體重了，但一般仍以外勁為主。然後便是少林拳，其身法靈便，拳沉腳重，歷代都不乏高明之士，可是大都還缺乏貫通而流於駁雜，以致仍難越出「手快打手慢，有力打無力」的範圍。

　　所以，欲達到「豈以力勝，快何能為」的程度，只有真正練好太極拳才行。一旦練到相當細膩的境界後，自然就會明白前人所言不虛了。

第十四章

太極功法的陰陽哲理

縱觀宇宙空間，從宏觀天地到微觀世界，都有渾然太極之理。古人云：「太極者，無極而生，陰陽之母也。」

的確，如果我們仔細觀察，細心揣摩，形形色色的物質世界，無一不處於陰陽動靜的運動中。因此，用陰陽哲理來剖析某一特定事物的始終，就一定會抓到事物的本質。同樣，用陰陽哲理來指導實踐，也一定會理為吾用，成事圓滿。

目前流傳於世的太極拳派式很多，有關太極拳的理論論述也不少，但是，萬變不離其宗，集諸家百說於一理，我想是否可用以下幾句話來概括之，即「頭頂太極，懷抱八卦，腳踩五行」，應該是太極拳的廬山真面目。

俗話說「天下把式是一家」。就理論上，任何拳術講究動靜分陰陽，變換循八卦，運行軌五行，這豈不是任何武術運動的普遍規律嗎？為此，本節就是想從武術正宗上來探討一下太極拳的理論問題。

第一節　太極要義

老拳譜上講：「太極本無法，動即是法。」這種觀點，應該是武術運動的普遍真理。就太極拳這個特定的事物來講，因為太極之初廓然而無象，動則分陰陽，陰陽即為太極。

例如：盤拳之初的預備勢，其體象為清心寡慾，渾然無象，實際上這就是無極。由動才變，變則生陰陽，陰陽為兩儀，兩儀由太極而生。所以說，太極是無極而生，陰陽之母。至於拳譜所指之法即寓陰陽孕生之哲理。

同時告訴人們，太極拳在技擊過程中，沒有固定招數，只有在動靜陰陽中，才能形成某一特定條件下的種種法則，而任何法則的精髓，千變萬化也決不會離開陰陽。大到無限的多維空間，小到不可再分的幾何學上的一點，每動有每一動的陰陽虛實瞬間，每處有每一處的陰陽虛實變換。由體到行，由表及裏，無一違背陰陽之理。所以說，太極拳體用演練者，頭腦中時刻應該想陰陽，每動必須循陰陽，否則枉下工夫終生，到頭來還會是瞎子摸象，談非所談，用非所用。

第二節　太極八法要義

拳譜上常見太極十三勢之說，在理解中，有人把十三勢說解成十三個姿勢，這是不正確的。

實際上太極十三勢是十三種方法，這就是我們平時所

講的掤、捋、擠、按、採、挒、肘、靠，進、退、顧、盼、定。其中前八字是八種手法，後五字是五種步法，即俗稱八門五步，或稱八卦五行，都是指這十三法。

前文提到，懷抱八法，也就是指八種手法，而這八種手法又與文王八卦方位圖有嚴格的四正四隅對應關係。

太極拳理屬內家拳種，因此，八卦方位與人體對應各有其竅，而每竅在人體經脈臟腑中又各有其位。這樣在太極拳運行中，以意引氣，按竅運身，意到氣到，氣到勁到，這就是太極拳內練要義的根本所在。實踐證明，太極拳久練得道者，不但在技擊上可出奇效，在保健上也會起到祛病延年的效果。

為了使讀者確切瞭解太極八法所屬經脈臟腑竅位，與八卦的對應關係，現按八法順序詳述如下：

掤。在八卦中是坎，中滿。方位正，北，五行中屬水，人體對應竅位是會陰穴，此穴屬腎經。八法中此字主掤勁。

捋。在八卦中是離，中虛。方位正，南，五行中屬火，人體對應竅位是祖竅穴，此穴屬心經。八法中此字是捋勁。

擠。在八卦中是震，仰盂。方位正，東，五行中屬木，人體對應竅位是夾脊穴。此穴屬肝經。八法中此字主擠勁。

按。在八卦中是兌，上缺。方位正，西，五行中屬金，人體對應竅位是膻中穴，此穴屬肺經。八法中此字主按勁。

採。在八卦中是乾，三連。方位隅，西北，五行中屬金，人體對應竅位是性宮和肺俞兩穴，該穴屬大腸經。八法中此字主採勁。

挒。在八卦中是坤，六斷。方位隅，西南，五行中屬土，人體對應竅位是丹田穴，此穴屬脾經。八法中此字主挒勁。

肘。在八卦中是艮，覆碗。方位隅，東北，五行中屬土，人體對應竅位是肩井穴，此穴屬胃經。八法中此字主肘勁。

靠。在八卦中是巽，下斷。方位隅，東南，五行中屬木，人體對應竅位是玉枕穴，此穴屬膽經。八法中此字主靠勁。

上述八個字的卦、位、體三者之對應關係可由下圖（圖 14-1）表示之。

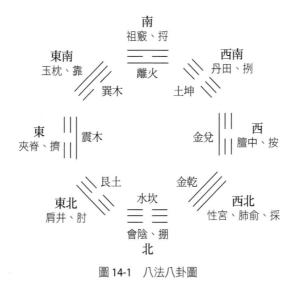

圖 14-1　八法八卦圖

第三節　太極五步要義

太極五步是太極十三總勢中的五種步法，前文中提到腳踩五行，就是指進、退、顧、盼、定五種步法。這五種步法同樣也對應著人體經脈臟腑的有關竅位，同時也對應著天之五行，即金木水火土。現將其對應關係分述如下：

前進。在五行中屬水，方位正，北，人體對應竅位是會陰穴。此穴屬腎經。

後退。在五行中屬火，方位正，南，人體對應竅位是祖竅穴。此穴屬心經。

左顧。在五行中屬木，方位正，東，人體對應竅位是夾脊穴。此穴屬肝經。

右盼。在五行中屬金，方位正，西，人體對應竅位是膻中穴。此穴屬肺經。

中定。在五行中屬土，方位正，中央，人體對應竅位是丹田穴。此穴屬脾經。

上述五步的五行、體、位對應關係可由圖 14-2 表示。

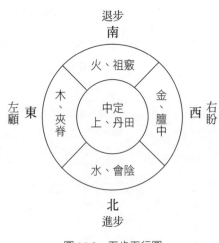

圖 14-2　五步五行圖

👣第四節　天干地支要義

　　以上講了十三勢與八卦、五行與人體穴位之間的對應
關係。從對應關係中，我們可以看出十三勢功法在保健和
技擊上的意義。因為功法在人體有穴，所以十三勢行功
時，實際上就是循經內練，這樣必然會使人體的氣血流通
無滯，從而起到祛病延年的保健效果。

　　前文提到，太極十三勢是十三種方法，這裏所指的方
法，究竟與理論所講「太極本無法，動即是法」有什麼內
在的聯繫呢？這是一個很值得討論的問題。

　　前文提到「太極由動而生法」所講的動，在太極運行
中就指意動；所講的法，實際上是在意念引動下的陰陽產
物，在技擊中也可以說是捨己從人、後發先至的聽勁反
應。總之有勁時才生陰陽，有了陰陽才能產生出基本方法
中的某一特定方法。不從時間和空間的概念來描述十三法
的特定狀態，就無法理解太極拳的每動有每動之虛實、每
處有每處之虛實的說法。我們可以把太極功的運行，看成
一個在空間運行的渾然大球，球中可孕陰陽，陰陽因意動
而生，而十三勢正是在大球運行中因意念引動而產生的基
本方法。所以說渾然大球並無法，只有意動才生法，這就
是十三勢與拳論上有關論述的內在聯繫。

　　從整個太極功法的運行來看它是連續的，但它是從基
本方法的任一特定狀態下的一個瞬間原點。

　　太極功法在技擊中，就勁別來看，由十三種基本方法

的不同組合，可形成勁法達三十六種之多。如果我們再進一步思考，勁法的產生是由意動而來。意念如何動？勁法如何生？這是本節要討論的核心問題。

要分析這個問題，首先得從天干地支說起。天干地支本來是我們的祖先用來描述天地日月運行規律的計時符號，但是在太極拳中，天干地支又被用來描述陰陽變換和勁法產生的基本原理。

在五行統論中，天干立十，以應日象，它為天之五行。十干分甲、乙、丙、丁、戊、己、庚、辛、壬、癸，它們與五行方位之對應關係見干支五行圖（圖 14-3）。

地支十二，以應月象，它為地之五行，十二地支分子、丑、寅、卯、辰、巳、午、未、申、酉、戌、亥，它們與五行方位之對應關係見干支五行圖。

圖 14-3　干支五行圖

天干地支在太極拳法中，用十天干對應人體之竅，以應十三勢中之五步；另用十二地支應人體之竅位，透過六合六沖，以應十三勢中之八法。

十天干與五步之間的因果關係，由干支五行圖可知，天干與五行之對應次序是：東方甲乙木、西方庚辛金、南方丙丁火、北方壬癸水，中央戊己土。前文講過五行在人體都對應有竅，所以天干與五步的關係，即左顧木，右盼金，前進水，後退火，中定土。

前進。如欲前進，只要意想會陰穴，眼神朝前上方看，身體便自然前進。

後退。如欲後退，只要意想祖竅穴，眼神向前下看，身體便會自然後退。

左顧。如欲旋轉前進，只要意想夾脊穴往實腳之湧泉穴上落，身體便會自然地螺旋著前進。

右盼。如欲旋轉後退，只要右手抬至與乳平（即以拇指和膻中穴相平），同時左手抬起至肚臍與心窩之間，而左右兩手手心均朝下，意放膻中穴微收，眼神順左手食指往下看，身體便會自然地螺旋後退。上述為左虛右實，反之亦然。

中定。如欲立穩重心，只要意想命門和肚臍，立刻就會身穩如山岳。

所以說五步應五行，五行在人體中應五竅。因而五步練在內，形於外，只有內外合才能靈活奏效。

十二地支與八法的關係是透過六合六沖產生的，所謂六合六沖可由六合六沖圖（圖 14-4）表示。

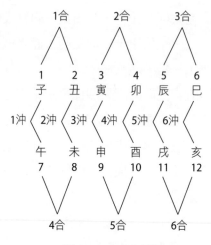

圖14-4　六合六沖圖

　　圖中按地支順序編號，如果規定奇號為陽，偶號為陰，則六合中每一合都是陰陽相合而互為根，而同奇或同偶不能存便為沖。

　　十二地支對應人體也都可歸竅。但是它與前面所講的八門五步之竅位不同，前者有形地指出了四正四隅八方的固定符號，而十二地支與人體竅位之對應，完全是由意念的變動和想像所產生的結果。正因為有這種意念活動，與意想中的穴道合成相沖就產生了太極八法諸勁。

　　為使讀者進一步瞭解其中的要訣，現將十二地支對應人體穴道之分佈情況說明如下。

　　子在腰（命門或會陰穴），丑在胯（環跳穴），寅在腳（湧泉穴），卯在背（夾脊穴），辰在肩（肩井穴），巳在手（勞宮穴），午在兩眉中間（祖竅穴也叫玄關），未在肩（肩井穴），申在手（勞宮穴），酉在胸（膻中

穴），戌在胯（環跳穴），亥在腳（湧泉穴）。

由文中可以看出，子、午、卯、酉各作一支固定不變，肩、胯、手、腳作兩支，原因是沖合變化隨重心轉換而變化和轉換。除子、午、卯、酉不變外，餘者各干也因重心變換而換穴位。例如：重心在右腳時，辰在右肩，未在左肩，丑在右胯，戌在左胯，巳在右手，申在左手，寅在右腳，亥在左腳。反之類推即可（圖14-5、圖14-6）。

圖14-5　右重地支分佈圖

圖14-6　左重地支分佈圖

由地支分佈圖可以看出，重心的轉換並不影響子、午、卯、酉，就是所說的四正，其餘各支都因重心轉換而變換，這實際上就是四隅。

在太極功的運行中，重心是由意動而變換的。而重心的變換全過程，實際上就是在意念引動下由地支的六合六沖來完成的。地支的六合完成，重心的轉換也就完成。六沖實際上也就是隱含在六合之過程中。合是地支相結合，沖是地支相排斥。又因地支在人體對應有竅，所以合與沖的過程，就是在意念活動中人體的穴位相合和散的過程。

但是，不要忘記開合是陰陽，陰陽必須互為其根，否則孤陰不生，獨陽不長。而六沖六合就是陰陽，這個陰陽消長過程就是意念引導下的地支沖合過程。太極功法的八法五步正是由地支的不同沖合而產生的。

掤勁。掤勁是由地支中子與丑相合產生。例如：重心在右，意念就想命門穴與右環跳穴相合，掤勁便會產生。反之亦然（以下類推，不再贅述）。

捋勁。捋勁時是由地支中午與未相合產生的。例如：重心在右，意念就想祖竅穴與左肩井穴相合，捋勁便會產生。

擠勁。擠勁是由地支中寅與卯想合產生的。例如：重心在右，意念就想夾脊穴與右湧泉穴相合，擠勁就會產生。

按勁。按勁是由地支中申與酉相合產生的。例如：重心在右，意念就想膻中穴與勞宮穴相合，按勁就會產生。

採勁。採勁是由地支中戌與亥相合產生的。例如：重

心在右，意念就想右環跳穴與右湧泉穴相合，採勁便會產生。

捌勁。捌勁是由地支中寅申與巳亥相沖而產生的，包括上捌和下捌之勁。例如：右手心朝上時，意念就想左腳的腳心（湧泉穴）向後蹬地，這樣就產生了上捌之勁；右手心朝下時，意念就想右勞宮穴與左湧泉穴相合，這樣，下捌勁便會產生。

肘勁。肘勁是由地支中辰與巳相合產生的。例如：重心在右，意念想右肩井穴與右勞宮穴相合，肘勁便會產生。反之亦然。

靠勁。靠勁是由地支中辰戌或丑未相沖而產生的。例如：重心在右，意想右肩井穴與左環跳穴相合，這叫辰戌相沖；重心仍在右，意想右環跳穴與左肩井穴相合，這叫丑未相沖，前者為肩靠，後者為背靠。

從以上所講的天干地支與太極十三法的關係，我們不難看出，太極功法的鍛鍊都是由意念導引由人體竅位的沖合完成的，因而沖合的完成過程，也就是太極十三總勢的鍛鍊過程。目前太極拳雖然流派很多，套路也長短不一，但是萬變不離其宗，誰也沒離開太極十三總勢，即陰陽、八卦、五行功法。

讀者到此一定會領悟到，太極功的運行過程，實際上就是六合六沖的反覆變換過程。所以說太極本無法，或太極渾身都是手，所闡明的哲理就是陰陽哲理，而在體用中的具體意義是指太極拳運行中，每一瞬間，每一點，都會因動而生法，有法即出勁。太極盤拳所以要慢，慢在意念

要把六合六沖在體內不斷變換，練時慢，用時會因意動生法，反應驟然，攻防永在人先。為了使讀者能把上述心得要訣用於盤拳實踐，下舉一例可與讀者共享，為體用實踐證明沖合要訣。

例如右抱七星，六合是這樣形成的，以右實腿為一條直線，作為六合的集中點。六合開始拿子（腰）與丑合，即腰與右胯相合之後，均往右腳心位置上集中。接著寅與卯合，以右腳與脊背相合之後，也往右腳那裏集中。以下類推。如辰（右肩）和巳（右手）相合，即右手抬起使拇指與心口窩前後對正，手心朝前；午（祖竅）和未（左肩）相合，即用意想左肩，眼神仍保持向前平視；申（左手）和酉（膻中穴）相合，即左手向前上方抬起，使拇指與鼻尖前後對正，手心朝向前胸；戌（左胯）和亥（左腳）相合，即相合之後使左腿往前伸直，腳跟著地，腳尖揚起，這時，意念全往右腳集中，所謂抱七星式的六合便完成了。

在拳路中，因為重心又要隨意動而變換，所以六合完成也正是六沖的開始。在整套拳路中，六沖六合始終在意念引動下，陰陽互回地在不斷共存變換中，而太極功法的各種勁別，也正是在六沖六合的不同組合中孕育產生。請讀者根據以上所談，自己去揣摩太極拳的真正精髓吧！

附錄

恩師王培生先生的拳術風格

已故著名武術家、吳式太極拳巨擘王培生老師，年逾八旬時，仍耳聰目明，精神矍鑠，身輕體健，出手不凡。

王培生老師以吳式太極拳聞名中外，他武學知識淵博，根扎八方，基礎厚實。他 12 歲步入武林，先後師從名師學練過八卦掌、太極拳、通背拳、八極拳、彈腿、形意拳等拳法。

他的吳式太極拳得自楊禹廷師爺，並蒙王茂齋師祖親傳指導。經數十年如一日的苦練研磨、教學實踐和實戰總結，他最終將所學各派拳術之精華融入了吳式太極拳中，對吳式太極拳的發展和成熟做出了突出貢獻。

我師從王培生先生練拳多年，透過反覆觀察，細心體認，仔細品味，覺得王老師的太極拳術有很高的藝術價值，文化內涵極深。歸結起來，我認為有神、隱、速、險、博五大特點。

神者，神充氣足，神妙莫測之謂也。王老演拳，觀之神足，悟之神妙。使人如觀奇景，如臨妙境，令人神清氣爽。觀他舉手投足，鬆靜體悟，如春風拂柳。王老發人，妙招奇手，層出不窮，而且出神入化，純任自然，一應神光，犯者立仆。

隱者，虛靜空無，不顯不露之謂也。王老演拳，靜如大地復甦，無聲無息而萬象更新。心如止水，形似山岳，而四梢齊發，如春生萬物。靜中寓動，其情融融，內含無

限生機和活力，有巨大力量潛運其中。王老發人如風似電，無形無相，所向披靡，跌翻妙絕，空靈難以言傳。看似至柔，實則至剛；看似至剛，實則至柔。剛柔兼備，陰陽合一。動靜緩急，運轉隨心。神以知來，智以藏往，神意內藏，不顯外相，實乃功臻上乘矣。

速者，快也，疾也。如矢赴的，如電擊人，至疾至速之謂也。王老演拳，動如江河直下，氣勢磅礡，不可阻擋。身如江河，手似漂凌，動中寓靜，靜中寓動，打手發人，勢如風摧潮湧，迅若閃電雷鳴，使人無處可逃，無力抗爭。

險者，危機險相臨近之謂也。王老演拳，渾然無跡，妙手空空，含光默默，纏繞回還，精神百倍，中氣實足。觀其行，如履深淵薄冰，心膽俱懸；看其動，如蟒蛇穿林，驚悚迅疾；視其神，如聞虎嘯猿啼，毛骨悚然。與王老交手，不動則已，動則如臨深淵，如踩毒蛇，驚心吐膽，失魂落魄，險相橫生。王老周身無處不是軸，無處不生勾，無處不翻板，無處不機關。扶之則傾，按之則翻，觸之則發。

博者，廣大深厚之謂也。王培生老師，功高莫測，博古通今，博學多才，博採眾長。從理論和實踐的結合上，把吳式太極拳術發展到一個前所未有的新階段。他善於以理（生理、物理、倫理、哲理）論拳；以拳曉法（做人之法、做事之法、技擊之法）；以法示道（天道、地道、人道、三才合一之道）；以道育人（文明禮貌之人、博學多才之人、開拓進取之人、奉獻社會之人）。他善於把祛病

強身、技擊抗暴、挖掘人體潛能、為人處事等有機地融於吳式太極拳法之中。他把吳式太極拳發展成為如《易》道之「無所不包」「無所不統」「無不受益」的特色科學，特殊文化，至上至尊之藝術，其拳術理論至簡至深，至易不易。

王培生老師一生不二，武壇耕耘近 70 年，其從武時間之長，實踐經驗之豐富，功力之深厚，學識之淵博，理論之深透，門人之眾多，在當今武壇屈指可數，可說是獨領風騷，獨步一時。

作為王老師門下之人，應謹遵先師教誨，自強不息，不圖虛名，不尚空談，不侮師門，為推動武術事業和促進全民健身運動的發展，振興中華，盡心盡力，不斷做出新貢獻。

王培生先生所編太極八法歌訣

吳式太極拳勁源心法歌訣

> 掤勁命門找環跳，挒勁食指畫眉毛。
> 擠勁脊背找前腳，按勁憑欄樓下瞧。
> 採勁玄關找肩井，挒勁意在蹬後腳。
> 肘勁勞宮肩井合，靠勁玉枕扛大包。

吳式太極十三勢用法歌

五行步法歌

前進（水）歌

前進屬水竅會陰，意想命門氣催身。

眼神前上似追人，全身自然向前奔。

後退（火）歌

後退屬火竅玄關，意在祖竅前下看。

神與兩足角三點，身自後退只等閒。

左顧（木）歌

左顧屬木竅夾脊，以意行氣脊貼氣。

螺旋直進動中擠，進退轉換旋轉體。

右盼（金）歌

右盼屬金竅膻中，以意行氣體轉動。

左轉右動如蟲蛹，長蛇出洞行無蹤。

中定（土）歌

中定屬土竅丹田，土長萬物氣抱元。

三田合一乾三連，頂天立地宇宙間。

巽椿養生歌

腳踏祥雲身自玄，玄妙之門身自尋。

尋之至身顏為笑，笑顏常開身自安。

傳抄的關於太極八法的歌訣

八字歌

　　掤捋擠按世間稀，十個藝人九不知。

　　若能輕靈並捷便，沾連黏隨俱無疑。

　　採挒肘靠更出奇，行之不用費心機。

　　果能沾連黏隨字，得其環中不支離。

打手歌

　　掤捋擠按須認真，上下相隨人難進。

　　任他巨力來打我，牽動四兩撥千斤。

　　引進落空合即出，沾連黏隨不丟頂。

十三字行功訣

　　掤手兩臂要圓撐，動靜虛實任意攻。

　　搭手捋開擠掌使，敵欲還招勢難逞。

　　按手用著似傾斜，二把採住不放鬆。

　　來勢凶猛挒手用，肘靠隨時任意行。

　　進退反側應機走，何怕敵人藝業精。

　　遇敵上前迫近打，顧住三前盼七星。

　　敵人逼近來打我，閃開正中定橫中。

　　太極十三字中法，精意揣摩妙更生。

十三字用功訣

逢手遇掤莫入盤，沾黏不離得著難。
閉掤要上採挒法，二把得實急無援。
按定四正隅方便，觸手即占先上先。
捋擠二法乘機使，肘靠攻在腳跟前。
遇機得勢進退走，三前七星顧盼間。
周身實力意中定，聽採順化神氣關。
見實不上得攻手，何日功夫是體全？
操練不按體中用，修到終期藝難精！

「十八在」訣

掤在兩臂，捋在掌中，
擠在手背，按在腰攻；
採在十指，挒在兩肱，
肘在屈使，靠在肩胸。
進在雲手，退在轉肱，
顧在三前，盼在七星，
定在有隙，中在得橫。
滯在雙重，通在單輕。
虛在當守，實在必衝。

八要

掤要撐，捋要輕；
擠要橫，按要攻；

採要實，挒要驚；
肘要衝，靠要崩。

八法秘訣

掤勁義何解？如水負行舟。
先實丹田氣，次要頂頭懸。
全體彈簧力，開合一定間。
任有千斤重，飄浮亦不難。
捋勁義何解？引導使之前。
順其來勢力，輕靈不丟頂。
力盡自然空，丟擊任自然。
重心自維持，莫為他人乘。
擠勁義何解？用時有兩方。
直接單純意，迎合一動中。
間接反應力，如球撞壁還。
又如錢投鼓，躍然擊鏗鏘。
按勁義何解？運用如水行。
柔中寓剛強，急流勢難當。
遇高則膨滿，逢窪向下潛。
波浪有起伏，有孔無不入。
採勁義何解？如權之引衡。
任爾力鉅細，權後知輕重。
轉移只四兩，千斤亦可平。
若問理何在，槓桿之作用。
挒勁義何解？旋轉若飛輪。

投物於其上，脫然擲丈尋。

君不見漩渦，捲浪若螺紋。

落葉墮其上，倏爾便沉淪。

肘勁義何解？方法有五行。

陰陽分上下，虛實須辨清。

連環勢莫當，開花捶更凶。

六勁融通後，運用始無窮。

靠勁義何解？其法分肩背。

斜飛勢用肩，肩中還有背。

一旦得機勢，轟然如搗碓。

仔細維重心，失中徒無功。

🏃 雲捲雲舒　變化隨心
——方家對話吳式太極拳❶

　　心理學家認為，緊張是人類無法消除的情緒感受，適度的緊張還有利於人的健康。

　　太極拳提倡放鬆，但並非孤立、武斷地理解它。這是因為，首先，做到「鬆」不可能一蹴而就，從緊張到放鬆

---

❶ 節選自余功保著《盈虛有象——中國太極拳名家對話錄》一書，略有改動。原題為《平和控制——與吳式太極拳名家張全亮的對話》。余功保，中國著名太極拳文化研究學者，現為世界太極拳網總編、博武國際武術網總編；曾供職於原國家體委、國家體育總局武術研究院氣功部、產業部。

是一個過程，這是一個需要正視的過程，鬆是有程度、層次的。其次，達到相對鬆後，還要善於利用「緊張」，比如，太極拳最後一擊，就要高度緊張，越能鬆，便越能「緊」，這就是矛盾的運動。

「鬆」「緊」之間的訣竅在於——控制。

有序化的緊張，也是一種放鬆。這就是控制的作用。有序使系統各組成部分、各相關元素之間的阻力、能耗減到最低，潤滑貫通，平和對接。

太極狀態中，身體達到高度有序化，各生命系統、各器官、功能之間平和共振，並與外界實現有序溝通，物我兩忘，又物我如一。

太極拳是一種具有高度控制技巧的學問。太極拳技擊，要能「控人」，沾、黏、連、隨、掤、捋、擠、按都是控制對手的技術。太極拳養生，要能「控己」，抱元守一，氣沉丹田，精神內斂，都是「控己」的要則。

從起勢到收勢，太極拳便進入了一個控製程序之中，一舉動，合乎法，順乎理。只是到了高級階段，控制便成為自然，不帶一絲火氣，平和流暢。

不深入理解控制，難以全面把握太極精奧。

王培生先生曾經大力提倡將現代的訊息論、系統論和控制論與太極拳傳統理論相結合，進行太極拳的研究和實踐。張全亮先生得其太極精華，並與八卦等內家功夫相結合，變中求衡，動中求靜，於不動聲色中呈展拿吞吐之象，得平和控制。

內家功夫妙法在心

余功保：我的印象中，您是一位非常用功的武術家。用功是武術家的必要素質，功夫功夫，用功是基礎，一個人習武天分再高，恃才懈怠，就難成大器。

張全亮：用功是由於發自內心的喜歡，否則難以幾十年堅持下來。你喜歡了，用功就不是一種苦，雖苦有樂。

余功保：所以用功和刻苦還是不一樣的。我歷來主張要提倡快樂武術，就是大家從習武中得到健康，也得到快樂，沒有快樂的健康不是真正的健康。健在身，樂在心。要有大喜悅感。

張全亮：練太極拳尤其要如此，從內心深處對拳有感情，感情來自哪裏？來自身心合一的享受。

余功保：您習練的武術內容很豐富，好像在八卦、太極這兩種內家功夫上尤其突出。您認為這兩者之間有何異同，有何關聯？

張全亮：歷史上很多武術家是八卦、太極兼練的。它們之間一是有相通之處，二是有互補之處。

我的八卦掌是從學於傑出的武術家李子鳴先生，太極拳從學於傑出的武術家王培生先生。這兩種拳術在技術風格上的確有所不同，比如八卦掌善變，變化的形式很多，練起來讓人有眼花繚亂的感覺，往往出奇制勝，身法上很靈活。太極拳相對比較穩重一些，外形上緩慢一些。但它們的共同點更多，都講究陰陽，講究虛實變化。怎麼變，就在虛實之間來變，「示之以虛，開之以利」，最緊要的

是，他們都強調內練、內養，是修內、修心的功夫，要練好它們也必須用心去體會。這兩者結合起來練是可以互相體證的。

余功保：您學習其他拳種，您的兩位老師有什麼看法？

張全亮：他們在武術的思想上都是非常開通的，老一輩武術家的胸懷都很寬廣。其實在過去，傳統武術家們是提倡交流、博學的。

余功保：在過去有一大批很有造詣的武術家本身都是受益於多師的。在太極、形意、八卦幾個方面兼修得更多一些。

張全亮：很多老武術家學識水準不一定很高，但他們在武術上的見識的確很高。這源於他們對傳統武術文化紮實的基本功訓練和理念的吸收。

余功保：您透過長期研練太極拳，對於它有什麼體會和認識？

張全亮：透過這些年研究太極拳、練習太極拳，我覺得太極拳文化品位極高，是一種高品位的拳術。

它的內涵非常豐富。開始的時候，我練拳就是練拳，但是透過老師的指導、講解，才明白太極拳與生理、醫學、美學，甚至和一些邊緣科學都有很深的關係，也理解了為什麼古人窮畢生之精力去學習，越學越覺得有味，因為太極拳的文化內涵和科學內涵都很深，同樣一趟拳，常學常新。

而且太極拳是與時俱進的，根據你功夫的高低，根據

環境的變化，根據人和人之間的差異，高、矮、胖、瘦，性子急、性子緩，根據對手的變化，都可以產生變化。

練習太極拳可以提高智慧，開發智慧，開闊思路。

練習太極拳還可以提高控制能力，人們往往遇事不冷靜、急躁，太極拳可以讓人冷靜、鬆靜沉著，頭腦清醒，只有頭腦清醒才能辨別陰陽、發揮優勢，找到對方的薄弱環節。一急躁、一煩、一怒就完了，所以要制怒，提高控制能力，才可以冷靜地審時度勢。在平常的工作和生活中也可以用太極拳的很多理論來指導。

余功保：太極拳對人性有砥礪作用。

張全亮：太極拳也是一種解扣的技術，人的一生會有很多扣，有了問題就有了扣。但沒有解不開的扣。解扣就是一門學問，太極拳處處都在解扣。它研究扣是怎樣形成的？用什麼方式解最有效率等。

此外太極拳還是一種鍛鍊親和能力的拳術，利用「和」，拉近距離，在交往中，由「和」來化解，在技擊中，和則近，近戰，就什麼都能發揮出來了。

余功保：「和」是中國哲學中的一個重要概念，「和」代表一種妥當的解決方案。「不戰而屈人之兵」就是一種「和」。

張全亮：太極拳是絲絲入扣的。想問題想得細緻，在整個過程中進行控制。太極拳是一種高科技拳，強調過程控制。人體是一個很大的網絡，透過練太極拳這種科技含量很高的拳種，由人體入手，研究自然、研究社會、研究萬物，以武術入手研究社會發展。

余功保：太極拳理論就是古典的控制論，含有現代控制論的許多核心元素。它所講的控制不是單純的外向性控制，而是把自己作為整個系統中的一個元素，參與控制的全過程，這樣就更全面。太極拳的控制，無論是對自身的健康控制，還是他人的技擊控制，都是平和的控制、建設性的控制。

張全亮：太極拳講究精、氣、神，是最高級的拳術，是一種整體的拳術，是科學拳、文化拳。太極拳可以陶冶性情，一練就覺得特別舒服、令人自我陶醉。把自然萬物的道理返回到自身就是太極拳。

比如一年四季的道理和拳的道理是一樣的，夏天最熱的時候就好比拳發力發到極點的時候，一陰生起，開始沒勁，下到最低點的時候，徹底沒勁了，好比到了冬天了。則開始一陽生起，到春天了，然後又慢慢到夏天陽最盛的時候了。四時有陰陽交替的變化，宇宙也是這樣，夜裏12 點是最黑的時候，就是在那個點轉化陰陽，開始變亮，到中午 12 點最亮，又開始轉化陰陽，逐漸變暗。這是自然規律，研究這個自然的規律，利用它，才可以健身、保事業，讓你成功立於不敗之地。

練太極拳就要研究這些道理，體會這些道理在拳中是怎樣體現的。

所以，太極拳是一種規律性拳術，是符合自然規律的拳術。就好比車行駛是靠車輪轉動的道理一樣，拳是腰動、胯動、膝動，關節動，動有動的規律。

余功保：掌握規律比練好要領更重要。

張全亮：拳的要領是身體去做，拳的規律就是法，需要用心悟。

余功保：心手相連，就是知行如一，把規律活化為要領。

張全亮：太極拳是一種人性化的拳術，講究人情世故，研究人，以人為本。太極拳的柔不是柔弱無力，是螺旋形運動，波浪形發展，是宇宙規律。讓你覺得很弱，實際不是那樣，這才是高的地方。

大多數人練拳就是比畫、健身，但是太極拳內涵豐富，是一門綜合性的科學，過去說「太極十年不出門」，說的就是科學這個層次。

余功保：您從什麼時候開始學習太極拳的？據說您學拳時跑的路很遠。

張全亮：我最早是在 1953 年練摔跤，1956 年開始練武術。先後習練過查拳、彈腿、太極拳、八極拳、通背拳及佛道氣功等。1974 年拜八卦拳名家李子鳴先生為師學練梁式八卦拳。接觸太極拳是 1971 年，先是楊式太極拳，後來又經已故著名武術家張旭初師兄介紹，向王培生先生學練吳式太極拳，1985 年正式進門。

我向王培生老師學拳的形式，一是經常到他家去請教；二是創造條件，請他到我工作的地方講課；三是堅持每週兩個晚上，到北京西城區少年宮聽他講課。

那時，南城一個點，北城一個點，我們是北城的點。那時向王老師學拳的人很多，院裏總是滿滿的，有入門弟子，也有學生，有五六十人。

　　當時我在大興建築工程總公司工作，開始聽課是開車去，後覺得開公車去聽課影響不好，就改乘公共汽車。過了一段時間又覺得來回倒好幾次汽車太麻煩，有時下課晚了還趕不上車。我改為騎自行車，因不常騎車，路也不熟，開始由大興縣城騎到西城區少年宮需兩個小時，過一段時間路熟了，騎得也快了，一個半小時就到了，後來鍛鍊得只需一個小時。

　　我每次都風雨無阻。傍晚下了班，騎車就走，雖然我路最遠但一般都是先到。晚上八點左右老師開始講課，講一兩個小時。老師走了，師兄弟們還要在一起互相切磋，多是到十一點多才散場。我回到單位時就十二點多了，有時一點多。當時跟我一起學拳的有四五個人都是我的學生，他們誰也沒有堅持住，我一直堅持到那個學習班停止，大約有四年多的時間，學習了不少東西。

　　老師系統講授了吳式太極拳 37 式、83 式、太極刀、太極劍、太極槍、太極黏桿、尹式八卦掌、八卦 64 散手掌、太極推手、乾坤戊己功、祛病健身小功法等。從理論到實踐，從規範到實用，一招一式講得非常細緻、認真，學得非常過癮。雖然每次往返要騎車走 30 多公里，但我也不覺累。

　　那時生活很困難，我每月工資 30 多元，開始下課回家時路過牛街花兩毛錢吃一碗朝鮮冷麵，但後來就覺得花不起了。就在下班時買兩個饅頭、一塊鹹菜放在辦公桌上，冬天放在暖氣上，下課回來再吃。雖然苦點，但因學到了真東西，又覺苦中有樂。我的刻苦精神，曾得到老師

的讚賞，老師對我也常有特殊關照。

拳本無法，動即是法

余功保：您的太極拳主要是跟王培生先生學習的。王先生在武術的技術、理論上有很多突出的成就，在太極拳的推廣傳播上也做了大量工作，是一位負有盛名的武術家。您作為王先生的重要傳人之一，您的印象中王先生是一位怎樣的人？

張全亮：王培生老師以吳式太極拳、推手技藝和技擊實戰享譽武林，著稱天下。他武學淵博，根扎八方，基礎雄厚。

他從九歲的時候開始習武，先後師從多位武壇名師，學練過查拳、彈腿、八卦掌、形意拳、通背拳、八極拳、劈掛拳、太極拳等。他十三歲進吳式太極拳門，師從於太極拳大師楊禹廷先生，並承蒙王茂齋師祖親傳密授。又經王培生先生數十年如一日的苦練研摩、教學實踐、實戰總結，有機地融入了所學各派名師名拳的精髓，形成了風格獨特、自成一體、具有王氏特點的吳式太極拳。

王培生先生一生不二，武壇耕耘七十餘年，其從武時間之長，從師之多，經驗之豐富，功力之深厚，學識之淵博，理論之深透，技術之全面，著作之廣泛，門人之眾多，經歷之坎坷，特別是不畏強手，勇於實戰之精神，在當今武壇上屈指可數，可謂獨領風騷，獨步當代。

我向王培生老師學拳，深深感到王老師的功夫高深莫測、博古通今、博學多才。他從理論和實踐的結合上，把

吳式太極拳發展到了一個前所未有的高度，也可以說是前所未有的新階段。

他善於以理，包括拳理、生理、物理、倫理、哲理來論拳；以拳曉法，解析技擊之法、做人之法、做事之法、健身之法；以法示道，講天道、地道、人道、三才合一之道；以道育人，培養文明禮貌之人、博學多才之人、開拓進取之人、見義勇為之人、無私奉獻之人。

他善於把祛病強身、技擊抗暴、挖掘人體潛能、為人處世等理論知識有機地融於吳式太極拳的一招一式、一動一法之中，把吳式太極拳發展成為如《易》道之「無所不包」「無所不統」「無所不通」「無不受益」的特色學科、特殊文化，至尊至上之藝術，其拳理至簡、至深、至易、不易。

余功保：您覺得他在武學上有哪些主要特點？

張全亮：我感到王培生老師的功夫有五大特點：

第一是神，看王老演拳觀之神足，悟之神妙。使人如觀奇景，如臨妙境，心曠神怡。鬆靜體悟，如沐春風，場勢效應極佳。用王老的話說就是：「我練這趟拳，感到很舒服，大家看了也覺得很舒服，我自己受益，大家也都受益就對了。否則，這趟拳就沒有練好。」王老發人奇招妙手，層出不窮，出神入化，純任自然，一應神光，犯者立仆。

第二是隱，就是虛靜空無，不顯不露。觀王老演拳，靜如大地復甦，萬象更新。心如止水，形似山岳，四梢齊發如萌，靜中寓動，內涵無限生機和活力，巨大能量潛運

其中。看王老發人如風似電，無形無象，所向披靡，跌翻絕妙，靈境難以言傳；看似至柔，實則至剛，看似至剛，實則至柔，剛柔兼備，陰陽合德；動靜緩急，隨心所欲，神意內藏不顯外相。

在他看來，拳本無法，動即是法，出手不見手。

第三是速，王老發招如矢赴的，如電擊人，至疾至速。觀王老演拳，動如江凌直下，氣勢磅礴，不可阻擋。行拳走勢，身如江河，手似漂凌，動中寓靜，靜中寓動。打手發人，勢如風吹浪湧，快若閃電雷鳴，使人無隙逃脫，無力掙扎，無可奈何。

第四，是險。就是危機險象臨近之謂也。王老演拳渾然無跡，中氣實足，威懾力極大。觀其行如履薄冰，也隨之提心吊膽；看其動，如蟒蛇穿林，亦有驚慌失措之感；觀其神，如聽虎嘯猿啼，感到毛骨悚然。與王老交手，不動則已，動則如臨懸崖，如踩毒蛇，頓感傾心吐肺，失魂落魄，險象環生。王老周身無處不是軸，無處不生鉤，無處不翻板，無處不彈簧，無處不機關。扶之則傾，按之則翻，觸之則發。

第五是博。王老武功和武學知識博大精深，其拳理拳法有極深的文化和科學內涵，跟他學拳就好像上學術課。每學一招一式不但讓你知道其動作規範，技擊用途，健身作用，還能讓你學到很多相關的哲學、力學、倫理學、生理學、心理學、美學、醫學，特別是針灸經絡學和現代科學之三論（即訊息論、系統論、控制論）等廣泛的知識，讓你心胸開闊，使你開智開悟。

余功保：您認為王培生先生在武術上有哪些貢獻？

張全亮：王培生老師對武術事業的貢獻是傑出的。第一，他精簡創編了吳式簡化太極拳 37 式。吳式太極拳老架 83 式，全趟學下來需要很長時間。1953 年王培生先生在北京工業學院教授吳式太極拳時，由於安排課時較少，不易在短期內教完全部課程，多數學員要求在保留主要招式的前提下加以簡化，王老為了使吳式太極拳便於普及，應廣大學員的請求，以創新的精神，把原來老架 83 式去掉了重複的動作，刪定為 37 式，178 動，按運動量大小做了科學合理的順序調整，並根據歷來太極拳家強調的練太極拳「用意不用力」的特點，在每一招式或每一動作中加入了「意念」和「感覺」的說明。

這趟太極拳的創編，很快得到了廣大太極拳愛好者的認可和喜愛。先後用多種文字在國內外多次印刷發行，均被搶購一空。吳式簡化太極拳的創編，對吳式太極拳的傳播、普及、發展起到了巨大的推動作用。

第二，他把自己數十年積累和體悟出來的武術健身治病的經驗，總結提煉創編了《乾坤戊己功》和數百種「祛病健身小功法」，公開傳授、公開發行，為廣大武術愛好者和廣大人民群眾提供了一套簡單、科學、易練、有效而又不用花錢的治病健身的奇招妙法。實踐證明這些功法不但有很好的技擊抗暴功效，同時具有很好的祛病強身效果；既是對武術事業的貢獻，也是對人類健康事業的獨特貢獻。

第三，他透過數十年的苦練研究，給太極拳提出了新

的定義和新的理論學說。他給太極拳提出的新定義是「實用意念拳」。強調練拳要先想後做，先看後行。要求太極拳在技擊和治病時，只意想某一穴位，強化意念的作用就可以取得出奇不意的效果。他創造性地提出太極拳新的理論學說主要有三個方面，一是「以心行意，按竅運身」；二是「神意不同處」；三是「身外之六球」。

按竅運身就是在運動時要想穴位，用穴位領著身體走。比如兩手上抬時想十宣穴找勞宮穴，用手指找手心。兩掌下按時想外勞宮穴，動作即輕靈又隱蔽，能充分體現出太極拳用意不用力的精髓和特點。

「神意不同處」是指在練套路或技擊發招時，眼神向上而意念向下，眼神向前而意念向後，眼神向左而意念向右等，充分體現出太極拳及一切事物的對立統一，奇正相生的運動規律和最佳功效。

所謂「身外之六球」就是要求在太極拳演練和推手技擊時，欲要兩手兩足的開合，先要想兩眼球之開合，即兩眼球管兩手兩足和發放之遠近；欲要兩肘兩膝開合時，先要想兩腎球之開合，即兩腎球管兩肘兩膝和身體之左右旋轉；欲要兩肩兩胯開合時，先要想兩個睪丸球之開合，即兩個睪丸管兩肩兩胯和上下之起伏。

另外，王老還透過大量實踐和研究體悟，科學地提出了「形意拳主直勁，八卦掌主變勁，太極拳主空勁」。

王培生老師給太極拳提出的新定義和新理論，使太極拳在體用兩個方面更加規範，更加科學，更加精細，更加形象，從而增加了太極拳獨特的魅力。

　　第四，他把太極拳和八卦掌變成了傳播科學文化知識的載體。王培生先生講課，從不乾巴巴地講動作規範，而是把大量生動活潑、豐富多彩的科學文化知識，自然有機地融入太極拳和八卦掌拳式動作之中，使學者在學拳的同時還能學到很多科學文化方面的知識，特別是傳統文化理論知識，從而對太極拳、八卦掌的內涵和外延瞭解得更加全面，更加深透。實踐證明，跟王老學拳既能強身又能開智；既能提高防身抗暴技能，又能提高認識客觀規律、解決各種矛盾的能力，把太極拳、八卦掌的拳術價值推進到了一個前所未有的新階段。

　　第五，他以自己的實戰業績，充分體現了太極拳的真髓妙諦，為太極拳的技擊作用正了名。他在數十年的武術生涯中不畏強手，勇於實戰，敢於和各門派與他較技的武林朋友切磋技藝，從不推託，不保虛名，也從未輸過手。他曾經多次挫敗日本武術界高手的挑戰，捍衛了中國太極拳的技擊聲譽。這些事蹟在《人民日報》《武林》雜誌等十多家報刊都有報導，日本《阿羅漢》雜誌進行了專題報導，稱王培生先生為「東方武林奇人」「中國十大武術家之一」。

　　第六，多年以來他長期奔走於北京各大專院校、《人民日報》《中國日報》等多家新聞單位，講學教拳；他經常應邀到全國各大城市和國外教拳傳藝。他廣收門徒，弟子數百，學生數萬，使吳式太極拳和中國傳統文化得到了廣泛傳播。

　　第七，他著述頗豐。他把自己從多家武林前輩中學到

的拳術技藝和經過自己多年實踐總結的經驗體會，都毫無保留地無私奉獻給社會。他經常通宵達旦地奮筆疾書，先後出版了《太極拳推手技術》《吳式簡化太極拳》《吳式太極拳三十七式行功圖解》《太極功及推手精要》《乾坤戊已功》《太極拳的健身和技擊作用》《吳式太極劍》《吳式太極槍》《健身祛病錦九段》《八卦散手掌》《祛病健身小功法》《吳式太極拳詮真》等十餘部經典專著，並公開錄製發行了吳式太極門的一系列拳術、器械和治病健身的錄影教學片。內中姿勢規範，文字確切，理論新透，內涵豐富，風格獨特，很多不傳之秘盡含其中，是一套挖掘國粹，繼承傳統，全面研究吳式太極拳、械源流發展，理論技術，文化內涵，健身開智效果的絕好教材和珍貴文獻。

第八，王培生先生在教學方法上也是獨樹一旗幟。他在教學時，非常注重對學生頭腦的開發。他教拳常以說拳為主，他能把自己所學的拳、械套路，從頭至尾有多少式子、多少動作、動作名稱、動作規範、技擊和健身作用、有什麼歌訣等，都如數家珍準確無誤地背述出來。他強調學生要博聞強記，他說太極拳是「頭腦功夫」，是「文化拳」，如果沒有文化，沒有知識，思想不開竅，武功也不能達到高層次，練多好也只是把式，不是武術家。王培生先生弟子門人中，名人輩出，與其科學獨特的教育法，也是有重要關係的。

王培生先生一生坎坷不平，但一身正氣，剛直不阿。他愛國愛民，一生忠於武術事業，數十年如一日，執著地

研究中國武術的精髓，全面繼承，大膽創新，碩果纍纍，但卻淡泊名利，從來沒有以武術謀取個人功名和利益的意識。他毫無門戶之見，毫無保守思想，白天教武，晚上寫武，把一生心血都無私地獻給了中國武術事業。他說：「傳藝是我的職責，益人是我的享受」，「前人的東西雖然來之不易，但是我不能把它視為私有，更不能把它帶走，要把我之所學和我之所悟，全部奉獻給國家，奉獻給人民，這就是我唯一的願望。」

我認為，他是一位真正的、純粹的武術家。

生命在於體悟運動

余功保：吳式太極拳是當代重要的太極拳流派，習練人數越來越多，大家對吳式太極拳的理法也十分關注。您認為吳式太極拳有什麼主要特點？

張全亮：對於吳式太極拳，李秉慈老師總結過「輕靜柔化、緊湊舒身、斜中寓正、川字步型」，很有代表性。其中「斜中寓正」有一些爭論，我在這裏邊稍有補充，「斜中寓正」這句話沒錯，但還可以在前邊加上「中正安舒」，每一式必須保證中正安舒。

中正還得要安舒，舒服，這樣才能靈活，如果跟柱子似的正，就不靈活。即中正安舒，斜中寓正。

川字步型，我加了一個「虛實清楚」，楊師爺傳下來的拳虛實要清楚。每邁一步的時候，必須先把重心安排好，沉肩墜肘，這腳想出去、很有出去的願望，安排好了再出去，出去還不放心，還得抻著點，別讓你滑下去，好

比往低處去，拿繩子拽著，別讓你滑下去。一點兒一點兒試，如履薄冰。一個腳趾行，倆行不行？五個行不行？前腳掌行，後腳掌行不行？都行了，再鬆。原來很緊張，一下鬆了，大實大虛。虛實分清楚。

手也是一樣，左重則左虛，右重則右杳；實者靜，虛者動。接觸這點是實的，這點就是虛的。打人接觸後接觸點不能動。講究陰陽、虛實、剛柔，把這些東西弄清楚了，這拳水準就高了。

我還加了「細膩連綿」，沒有斷續的地方，運動過程細膩，有時甚至是不知不覺；但水積多了，積得不能再多，就會下瀉。比如山洪從山上下來，到地下之後就如千軍萬馬一般，到身前像無數條蛇一樣，水是無孔不入的。

說「生命在於運動」不是很科學，「生命在於靜止」也不對，我提出，生命在於體悟運動，就是在運動時加上思想的體悟。由腳、而腿、而膝、而腰、而肩、而肘、而手。意在肩，氣到肘；意在肘，氣到手。運行中是細膩的，越細越好，一絲一絲地走，練思想，練穩定性，除暴躁。手法細膩，接觸點不動，就像大樹根深葉茂，形要下，氣就上，神要往上領，形就往下去。

在技擊中我剛接觸對方，鬆腰、鬆胯，手就長了，沉穩有力。

神意不同處，比如雲手，這個手走的時候，意念在另外一個手，像車輪一樣，推著往前走。過程整個環節都很細，細膩連綿，靈活多變。純任自然，一年四季，公轉自轉都是自然的，這是大的方面。要向前先要往後，要向下

先要向上，這都是自然的東西。在運動中，中正安舒，有運動之勢再去動就是純任自然了。如果純任自然了，每個動作都很舒服。

純任自然，自然那點在哪兒？這種學問和竅門，沒有師傳，沒有經過人指點，你不知道。沉肩墜肘，到底該如何沉肩墜肘？你練著不舒服，用得不舒服，或者別人看了不舒服，可能就都是不對的。找到這個點以後讓它自然成型。純任自然，純以意行，往哪兒走就要往哪兒想。

余功保：最舒服的狀態就是最對的狀態，這是一種純任自然的觀點。

張全亮：自然最簡單，也最難做到。

余功保：本來自然是人的天性，現在需要精心地鍛鍊才做到，說明後天人的干擾因素太多。

張全亮：練功中「後天返先天」就是這個道理。

余功保：練習太極拳的方法很多，您認為應該如何練習才能達到比較高的水準？

張全亮：要練好太極拳，我覺得有這麼幾點需要注意：

第一，弄清規範。這一點非常重要。每個式都要規範，怎麼是正確的，應該怎麼去練。動作必須準確，不能囫圇吞棗，稀里糊塗大概地練，那樣練出來只是一個外在，裏邊沒東西。

第二，緩慢精進。練拳要慢，「精進」就是你練的東西出來的是精品。行家一伸手，便知有沒有。跟書法一樣，一個式子、一個式子練。現在教學生跟過去不一樣，

過去可能站樁站半年老師都不搭理你。現在是先劃道，我重點給你說一個式子、兩個式子，先讓你比畫，再一個動作、一個動作糾正，然後從量變到質變。不同階段體會不一樣，慢慢體會，多說。

第三，**明目開智**。拳術之道貴在精純，成功之道貴在堅持，為人之道貴在誠信，育人之道貴在開竅。明目開智，舉一反三，給他講自然的規律。形象比喻，有的動作老做不好，我說在你的手上放一塊豆腐，顫顫悠悠，快了不成慢了也不成，還有鬆緊的感覺。說到他就明白了，就做好了。

比如公轉自轉，我說你想你自己是長著尾巴的貓，你追你自己的尾巴，自然就圓了、靈活了。背向後走，胸向裏旋，腳向外走，正好符合公轉自轉、太陽地球的關係，也符合陰陽魚，你把這些道理講清楚了，當然這些可能在過去都是不傳的祕密。根深葉茂，萬物負陰而抱陽，樹根往下扎，營養往上，根越深，樹越茂。明白了，開竅了，思想變化，實際動作也就正確了。

第四，**練知己，練知彼**。知己就是自己練，知彼就是跟別人接觸、推手、技擊，需要實踐經驗。知己後得需要到外邊跟不同的人接觸，人的高矮胖瘦不同，脾氣秉性不同，思想感情不同，在你對他用手的時候，會有很多的區別和變化，這些都需要在實踐中積累經驗。沒有實踐經驗只有書本知識沒用。

第五，**體用兼修**。在一開始學拳的時候就應該貫徹，怎麼練，怎麼用。知道怎麼用，再練才記得牢。瞭解了練

起來才有趣味。

余功保：傳統太極拳是一種很講究技擊性的拳術，過去很多太極拳名家都是技擊的行家。但現在懂得太極拳技擊的人相對少了，有些技擊的要領、方式也不得法。太極拳技擊是不能丟失的東西，丟失了，太極拳的靈魂就沒有了。健身和技擊並不矛盾，相反，練習技擊對於煉神、養性是大有裨益的。如何提高太極拳的技擊水準呢？

張全亮：在太極拳技擊訓練上，下面幾方面的功夫要重視：

築基。要想掌握太極拳的技擊方法，提高太極拳的技擊水平，就需要打好根基，拳是根基。如果不重視這些，上來就要打，不行。特別是傳統的東西，很豐富，有很多內涵和外延的東西。太極拳過去講十年不出門，練習摔跤是一招一招怎麼用，練武術不是，一開始先要站樁，再練套路，有個過程。

太極拳根基很深，重視打基礎，動作基礎要打好。提高技擊水準就要從根基上下工夫，站樁、盤架子、散手散招，高架、中架、低架，前邊後邊、左邊練右邊練。反常態運動，太極拳實際上就是反常態運動，它慢，所以健身。挖掘潛能，老向左邊練，換一換右邊練，把不適應機制、把那些已經沉睡了的機制調動起來。

知己。打好基礎後，還要手法靈活，上下相隨，根基深、氣勢壯，內外如一，腰中節不滯，所有關節靈活，每個關節裏都有眼一樣，可以轉可以看，每個式子都能做到意領神行，氣血暢達，知己應該練到這個程度。

　　從人。平時可以這樣做，等到和別人接觸的時候還能做到這樣，跟別人接觸的時候還能不能鬆、能不能靈、能不能活、能不能圓轉自如、能不能把對方的力卸掉。捨己從人，沾黏勁。太極拳練習局部反射，不經由腦子，一摸勁就反映，整體勁、鬆柔勁，聽勁、合勁。神領意注，不經過一定的知彼訓練，有時候自己練的時候活，一搭手就僵，沒有螺旋力了。先知己後知彼，反覆練，練到周身無處不是軸，摸哪兒哪兒是軸，無處不翻板，無處不彈簧，無處不機關，無處不電門，一觸即發。最高層次是要練到這樣。

　　練空。技擊不能只限於推手，推手是鍛鍊太極拳技擊的一個過程，不是終點。點、打、拿、發、摔、卸，發是太極拳和武術中比較難做的一個，而且發得很輕鬆自然，這是很難練的，但是現在的誤區是把這個當作終點、最高境界。這只是一個過程一個階段，練習推手主要是練習空對方、合對方，不讓他的勁力攔在你的垂直點上。空是一種境界。空裏有活力，是辯證的空。

　　練合。我不一定比你的力量大、速度快，但是我可借用你的力。最後練到扶之則傾、按之則翻、觸之則發，人我合一的效果。

　　余功保：太極拳學會容易，學精難；學拳容易，改拳難。如果從一開始儘量避免一些錯誤，特別是一些典型錯誤的發生，對拳的水準提高會大有幫助。您認為太極拳練習中容易犯的錯誤有那些，如何避免？

　　張全亮：典型的錯誤有：

不中。不中正。不垂直就是雙重，垂直不垂直頭很重要，眼睛要平視。

不鬆。僵。從生下來吃奶就使勁，到現在要反先天，不使勁。太極拳，泰山崩於前無動於衷。空，勝很多招。吳式拳要求鬆到什麼程度？就像衣服領子掛在衣架上。

不圓。所有的運動都要秉承螺旋規律運動，每個式子都是圓的，外形不圓，思想和意識也要是圓的，不能直來直去。

不活。太極拳要圓活。處處弧形運動就是圓，流暢的圓就是活。

不合。身體表面處處要合，內外也合，把合練成一種習慣，不合就散了，神意散亂。

不整。練的時候整，用的時候不整也是毛病。

以上幾個就是常犯的毛病。

這些錯誤表現在練拳時就是不鬆柔、僵硬用力，表現在技擊上就是頂、匾、丟、抗，癟、聾、跛、瞎，這些毛病要想克服，沒別的辦法，明白道理多練，練後天返先天，就像小孩一樣，無所畏懼，無慾則剛，逐步往先天上返。我們有了辨別和抵抗能力，返回先天純任自然，大智大勇，多學多練、多實踐、多體悟，去掉思想裏的雜念。

余功保：吳式太極拳在養生方面久負盛名，有很多高壽並且十分健康的名家例證。

張全亮：吳式太極拳具有很好的養生健身價值，是因為它緩慢，緩慢不滯。慢就周到，在運動過程中細胞、脈絡、血管、神經受到緩慢刺激，沒有滯點。其實練習太極

拳就是一個修理保養的過程，各個基件有沒有問題，五臟六腑有沒有問題，緩慢運動加意念，全走到了，健身效果就比很粗的一下過去強，對心臟、血管各方面壓力不大，緩慢無滯，減少刺激，細緻周到。

鬆靜自如，氣血暢通。哪裏疼就因為不通，氣血周流不舒暢，中醫講的病原就是氣滯血淤，把淤的地方都通開了，病就好了。

圓潤自然，有趣味。如果練一種東西，沒有趣味，像一般體育運動那樣，練完就完了，那麼對深層的鍛鍊效果就不好。練的時候有趣味，本身興奮，精神就提起來了。練拳主要是精神，精神一起來就無遲滯了，暢通、柔和緩慢，血管彈性增大。

太極拳是規律運動，對健身和技擊也有很大作用。

掌握規範、多聽、多看、多練、多悟、多寫、多總結、多琢磨。人的認識是沒有窮盡的，不斷提高。事物在不斷變化，健身也一樣，吃的喝的和過去不一樣，原來可能吃的喝的不好，但是空氣好，腦子裏不亂，沒那麼多干擾、沒那麼多不平衡的事。現在則不然了，對健康也得要有與時俱進的新認識。

余功保：練習太極拳核心就是運用意念，這是它不同於體操的地方。練拳中如何運用意念？

張全亮：運用意念我覺得就是先想後做，做每個動作之前先想，先想後做，先看後行。訓練的是整體勁，上下相隨，這樣就不會出現拙力，出現頂抗。以心行意、以意導氣、以氣運身、以身助神、以神領形。

若有若無，不能太多，溫火像熬藥一樣，不能意念太重。

趣味運行，自己哄自己，玩物之趣，有活力，不滯，也不累。一遍一遍練消耗體力，再慢也是消耗，加上輕鬆愉快的有趣味的意念指導就不累。

絲絲入扣，體悟運動。不著急，氣血貫穿像鏈條一樣。生命在於運動和靜止之間，也運動，但是在運動中體悟。

關於呼吸，開始練的時候不要刻意想，開始如果一想就不自然了，要順其自然。練習一段之後，呼吸再與意念配合。

以心行意、以意導氣，以自然的規律指導練拳。如水洇沙、根深葉茂的練法，趣味運動，精氣神就自然出來了。

此外，眼神是一種無形的力量，眼睛是能量的窗口。吳式每個動作都有眼神的要求。開始練習時眼神要有意念的配合，練習到一定程度，眼神與動作的配合就自然了。

余功保：除了拳法以外，吳式太極拳還有一些器械套路，主要都是哪些？

張全亮：主要有太極刀、太極劍、太極槍、太極黏桿，也有棍，主要是這幾種。常練的是太極刀、劍。器械的特點和太極拳的特點是一樣的，中正安舒、沾連黏隨、不丟不頂，器械也基本一樣。練習太極拳的器械速度也很緩慢，太極拳的器械就等於太極拳手臂的延長，用器械代替身體，練習時也要一想、二看。

余功保：如何練太極拳的內功？

張全亮：太極拳本身是拳禪合一、拳道合一的，太極拳本身就是一種氣功，本身練得就是一種內功、內勁、內氣。

太極拳的樁法是練功的一種重要方式，比如：

馬步站樁。可以去掉浮力，重心下移，練習鬆沉勁，把氣沉到丹田。想命門、腳跟吃力，想膝蓋、找腳尖，想命門、想膝蓋，來回想，去掉浮力，有鬆沉勁，也可以健身。

川字步樁。近似三七勢、三體式，兩腳在兩條線上，重心在一條腿上。分正步、隅步。膝蓋不超過腳尖，想往前推、想後邊，背後有人推你、你想前邊。這種狀態在技擊時具有價值，發人有力量。

一字立體樁。分為合掌勢、撐掌勢，這就是後來王老說的與八卦卦象相對的坎樁、離樁，姿勢高點兒低點兒無所謂，中指相對，拉開的時候想合上，合上的時候想拉開，手的黏勁很大，對氣血周流暢通效果很好，老這麼練內氣充足。坎中滿，往外去沒勁，往裏有勁；離中虛，往外有勁，往裏沒勁。撐掌式，前邊有東西想背後，背後有東西想前邊，同樣是一組矛盾，力量大。結合八卦的方法，體系很完整。

站樁要和練拳相結合，練拳不練樁不行，練樁不練拳也不行，練拳慢練也是樁。主要從拳上找。

余功保：如何練太極拳的內勁？

張全亮：練好內勁就要多站樁、多盤架子，多實踐。

所謂內勁就不是表面上的，是裏邊的東西，開始是靠意念領，意就像銀針，神就像艾捲。走八卦，蹚泥步想三里穴，裏邊的神、意、力、氣，不顯於外，實際也是能量。藉由太極拳、站樁的形式，鬆靜下來，慢慢意守丹田、稍加意念，內勁按照規律慢慢自然就出來了。我感覺內勁就是一種能量，是一種人體的微量元素聚合與調用。在意念指導下的內氣能量是可以隨意運動的，當然也要加上技巧和引導。

余功保：學習古典太極拳論是深化太極拳研究的一門必修功課，您認為哪些傳統太極拳論最為重要？

張全亮：傳統太極拳論很多，大分就是三大家：王宗岳、武禹襄、李亦畬，都非常全面、具體、深透，我認為都應該學習、比較、篩選。王宗岳的《太極拳論》當然非常重要，《十三勢行功歌訣》《打手要言》《十三勢行工心解》《四字秘訣》《五字訣》《撒放秘訣》等都是精闢之作。

有的拳論是宏觀概論，有的是把某一方面細化、具體化。這是我們在研讀中要注意的。

學拳論我認為最重要的是活學，不要一定框在什麼含義上，死扣字面，最後把自己套進去，要結合練拳體會。可能在不同階段你的體會不一樣，拳是活的，所以拳論也是活的。

余功保：現在總體上看來，太極拳的發展還是不錯的，人數眾多。但要實現更大範圍內的長期、可持續性發展，就需要對傳統太極拳進行很好的研究、繼承，您認為

在這方面還應該注重開展哪些工作？

張全亮：傳統太極拳應該是太極拳發展的主要部分。無論從健身效果、還是技擊效果來看，傳統太極拳都非常好，因為傳統的東西是冷兵器時代形成的，在生死搏殺的過程中產生的，為了保護自己和國家的安全形成的，本身帶有實戰技擊的，沒有花招虛招，再經過若干時代實踐、總結、篩選、提高，經過考察、考驗，保留下來。在健身上，過去沒醫沒藥，就打拳、打坐練內功，傳統太極拳的確健身有效。

現在有的太極拳套路，注重表演，這也是一個方面，但不能舞蹈化，不能只考慮表演效果。吸收現代的一些元素可以，但太極拳的傳統精神、傳統技術要領不能丟。我覺得太極拳要回歸傳統的本質，才能繼承、發展。想挖掘繼承傳統，儘可能恢復太極拳本來面目。

國家圖書館出版品預行編目資料

吳式太極拳八法／張全亮,馬永蘭著.——初版，
——臺北市，大展出版社有限公司，2021 [民 110.04]
面；21公分—（吳式太極拳；6）
ISBN　978-986-346-327-6（平裝附影音數位光碟）
1.太極拳

528.972　　　　　　　　　　　　　　　110001647

吳式太極拳八法 附DVD

著　　者／張 全 亮　馬 永 蘭
責任編輯／苑 博 洋
發 行 人／蔡 森 明
出 版 者／大展出版社有限公司
社　　址／臺北市北投區（石牌）致遠一路 2 段 12 巷 1 號
電　　話／（02）28236031，28236033，28233123
傳　　真／（02）28272069
郵政劃撥／01669551
網　　址／www.dah-jaan.com.tw
E - m a i l／service@dah-jaan.com.tw
登 記 證／局版臺業字第 2171 號
承 印 者／傳興印刷有限公司
裝　　訂／佳昇興業有限公司
排 版 者／菩薩蠻數位文化有限公司
授 權 者／北京科學技術出版社
初版 1 刷／2021 年（民 110）4 月

定價／420元

大展好書　好書大展
品嘗好書　冠群可期